aber – sondern

Er geht nie in die Oper, aber er besucht gern Konzerte.
Wir gingen nicht ins Schauspielhaus, sondern in die Oper.

als – wie

Der Kritiker sprach über die Inszenierung des Stücks als Fachmann.
Der Schüler sprach über das Theaterstück wie ein Fachmann.

als – wenn

Wenn er uns besuchte, brachte er meiner Frau gewöhnlich Blumen mit.
Als er uns gestern besuchte, überreichte er ihr eine große Schachtel Konfekt.

bevor – bis

Bis er wegging, saßen wir zusammen und unterhielten uns.
Bevor er wegging, sprach er noch kurz mit meinem Freund unter vier Augen.

bis – solange

Ich wartete unter einem Baum, solange es regnete.
Ich stand dort, bis der Regen aufhörte.

Joachim Buscha

Lexikon deutscher Konjunktionen

Joachim Buscha

LEXIKON deutscher Konjunktionen

VEB Verlag Enzyklopädie Leipzig

Buscha, Joachim:
Lexikon deutscher Konjunktionen / Joachim Buscha. –
1. Aufl. – Leipzig: Verlag Enzyklopädie, 1989. – 159 S.
ISBN 3-324-00486-1

ISBN 3-324-00486-1

1. Auflage

Verlagslizenz-Nr. 434-130/26/89
Printed in the German Democratic Republic
Gesamtherstellung: Karl-Marx-Werk Pößneck,
Graphischer Großbetrieb, Pößneck V 15/30
Einbandgestaltung: Rolf Kunze, Großpösna
Redaktionsschluß: 15. 5. 1988
LSV 0817
Best.-Nr.: 578 2712
00800

Inhalt

Vorwort

Die Konjunktionen werden in der Fachliteratur als Wortart sehr unterschiedlich definiert. Im vorliegenden Lexikon werden sie primär als morphologisch unveränderliche (nichtflektierbare) Wörter bestimmt, die jeweils mit einer bestimmten nicht-individuellen (operativen) Bedeutung – z. B. mit kopulativer, adversativer oder konzessiver usw. Bedeutung – Sätze miteinander verknüpfen. Nach der Art der Verknüpfung ist zwischen koordinierenden (beiordnenden) und subordinierenden (unterordnenden) Konjunktionen zu unterscheiden. In koordinierender Funktion können die Konjunktionen auch Satzglieder und Satzgliedteile (Attribute) miteinander verknüpfen.

Die morphologische Unveränderlichkeit und die syntaktische Funktion der Satz- bzw. Satzglied(teil)-verknüpfung haben die Konjunktionen mit bestimmten anderen Wortarten gemeinsam. Von diesen sind sie sekundär durch verschiedene Merkmale abzugrenzen.

Von den Präpositionen (*an, bei, mittels, von, wegen* usw.) unterscheiden sich die Konjunktionen dadurch, daß sie vor allem Sätze anschließen, während mit den Präpositionen immer nur Satzglieder angeschlossen werden, und daß sie bei dem begrenzt möglichen Satzgliedanschluß das Satzglied koordinativ mit Hilfe der Kongruenz und nicht wie die Präpositionen durch Kasusrektion anknüpfen. Zum Teil stehen Präpositionen und Konjunktionen in einem regulären Bezug zueinander:

> Er konnte *wegen* seiner Verletzung am Knie nicht am Wettkampf teilnehmen. (Präposition)

Er konnte am Wettkampf nicht teilnehmen, *denn* er war am Knie verletzt. (koordinierende Konjunktion)
Er konnte am Wettkampf nicht teilnehmen, *weil* er am Knie verletzt war. (subordinierende Konjunktion)

Bestimmte Wörter wie z. B. *(an)statt, außer, bis, seit, während* müssen hinsichtlich der Wortart zweifach eingeordnet werden, je nachdem, ob sie ein Satzglied oder einen Satz anschließen und ob sie einen Kasus fordern oder nicht:

Während des Regens saßen wir in einer Gaststätte. (Präposition)
Während es regnete, saßen wir in einer Gaststätte. (subordinierende Konjunktion)

Zwischen manchen Präpositionen und Konjunktionen besteht in der Wortform Teilgleichheit (*nach* vs *nachdem, vor* vs *bevor, seit* vs *seitdem*):

Lange *vor* Beginn der Veranstaltung war der Saal überfüllt. (Präposition)
Lange *bevor* die Veranstaltung begann, war der Saal überfüllt. (subordinierende Konjunktion)

Die Gemeinsamkeiten in Form und Funktion zwischen den Konjunktionen und den Adverbien betreffen vor allem die Konjunktionaladverbien (z. B. *also, außerdem, daher, freilich, somit, sonst* usw.) und die Interrogativadverbien (*wie, wo, wann* usw.).
Die Unterschiede zwischen den Konjunktionaladverbien und den (koordinierenden) Konjunktionen bestehen darin, daß erstere Satzgliedwert haben (erststellenfähig sind) und in der Stellung variabel sind, während letztere keinen Satzgliedwert haben (isoliert vor dem ersten Satzglied stehen) und immer unmittelbar vor dem anzuschließenden Teil stehen. Man vergleiche das unterschiedliche Stellungsverhalten eines Konjunktionaladverbs und einer (koordinie-

renden) Konjunktion in einem Aussagesatz mit Zweitstellung des finiten Verbs:

Konjunktionaladverb

Er malt sehr gut, *außerdem* schreibt er Gedichte.
→ Er malt sehr gut, manchmal schreibt er *außerdem* Gedichte.

koordinierende Konjunktion

Er malt sehr gut, *und* er schreibt Gedichte.
→ ˣEr malt sehr gut, manchmal schreibt er *und* Gedichte.

Einige Wörter sind entsprechend dem Stellungsverhalten entweder Konjunktionaladverb oder (koordinierende) Konjunktion:

Ich wollte ins Kino gehen, *doch* ich bekam keine Karte mehr. (koordinierende Konjunktion)
Ich wollte ins Kino gehen, *doch* bekam ich keine Karte mehr. (Konjunktionaladverb)

Der wesentliche Unterschied zwischen den Interrogativadverbien und den (subordinierenden) Konjunktionen besteht darin, daß erstere bereits in der dem Nebensatz zugrunde liegenden Struktur (Ergänzungs-/Wortfrage) enthalten sind, letztere dagegen erst bei der Einbettung in den Hauptsatz entstehen. Besonders deutlich wird das an dem Wort *wie*, das beiden Wortarten angehört:

Interrogativadverb

Er hat mich gefragt, *wie* das Wetter im Urlaub war.
← Er hat mich gefragt: „*Wie* war das Wetter im Urlaub?“

subordinierende Konjunktion

Wie ich gehört habe, war das Wetter im Urlaub gut.

← Ich habe gehört: Das Wetter im Urlaub war gut.

Formale und funktionale Gemeinsamkeiten mit den Konjunktionen haben auch verschiedene Partikeln. Die gleichzeitig vorhandenen Unterschiede werden auch hier an solchen Wörtern besonders deutlich, die beiden Wortarten zuzuordnen sind (z.B. *aber, allein, jedoch*). Die besonderen Merkmale der Partikeln bestehen darin, daß sie gewöhnlich nicht unmittelbar an der Verknüpfungsstelle stehen und sich auf ein anderes Wort beziehen, mit dem sie stets gemeinsam auftreten (letzteres auch im Unterschied zu den Konjunktionaladverbien):

Ich gehe jetzt weg, *jedoch* ich komme bald zurück. (koordinierende Konjunktion)
Ich gehe jetzt weg, *jedoch* komme ich bald zurück/ich komme *jedoch* bald zurück. (Konjunktionaladverb)
Ich gehe jetzt weg, du *jedoch* bleibst besser hier/besser bleibst du *jedoch* hier. (Partikel)

Aufgrund der genannten primären und sekundären Merkmale kommen wir zu folgender komplexen Wortartdefinition der Konjunktionen:

Konjunktionen sind in morphologischer Hinsicht unveränderliche Worteinheiten, die als syntaktische Verknüpfungszeichen ohne Satzgliedwert mit je verschiedener Verknüpfungsbedeutung gebraucht werden. Sie stehen immer unmittelbar vor dem anzuschließenden Teil und verbinden nur gleichartige Teile miteinander, zumeist Sätze mit Sätzen, daneben aber auch Satzglieder mit Satzgliedern oder Satzgliedteile mit Satzgliedteilen.

Diese Wortartdefinition bleibt unvollständig, wenn man nicht

1. bestimmte formale Besonderheiten der Konjunktionen,
2. ihre zum Teil nur partielle Funktion bei der Verknüpfung und
3. die Grundkategorien „Koordination“ und „Subordination“ berücksichtigt.

Zu den formalen Besonderheiten der Konjunktionen gehört, daß sie verschiedentlich nicht einfache Worteinheiten sind, sondern zusammengesetzt oder mehrteilig sind. Von *zusammengesetzten* Konjunktionen sprechen wir, wenn die Teile unmittelbar nebeneinander stehen (z. B. *außer daß, je nachdem, um so mehr als*), von *mehrteiligen* Konjunktionen (die auch „Zusammensetzungen“ sein können) sprechen wir, wenn die Teile voneinander getrennt, auf die beiden Teilsätze verteilt sind (z. B. *je ... desto, sowohl ... als auch, weder ... noch*). Von den Wörtern, die Bestandteile einer zusammengesetzten oder einer mehrteiligen Konjunktion sind, unterscheiden wir solche Wörter, mit denen die Konjunktionen erweitert sind (z. B. das Adverb *kurz* in *kurz bevor* oder *kurz nachdem*) und die Wörter, die in mehr oder weniger fester Verbindung mit Konjunktionen vorkommen (z. B. die Partikel *auch* in *auch wenn* und *so ... auch* oder das Korrelat *deshalb* in *deshalb ... weil*).
Mit den Begriffen ‚Erweiterung‘ und ‚Verbindung‘ ist bereits darauf verwiesen, daß häufig zusammen mit den Konjunktionen Wörter vorkommen (können), die die Verknüpfungsbedeutung mittragen. Daraus ergibt sich, daß den Konjunktionen bei der Verknüpfung nur eine partielle Funktion zukommt. Die in diesem Zusammenhang genannten Adverbien, Partikeln und Korrelate sind nicht die einzigen Elemente, die bedeutungskonstituierend sind. Gelegentlich spielen auch das Tempus und der Modus des Verbs im Satz eine bestimmte Rolle. Ebenso notwendig können auch modale Ausdrücke (der Negation, der Potentialität, der

Komparation usw.) sein. Da auch die Bedeutung des Satzes/der Teilsätze – sei es die vom Subjekt bezeichnete Person oder Nicht-Person (zusammengefaßt als 'Nicht-/Person'), das vom Prädikat bezeichnete ‚Geschehen' (Handlung, Vorgang, Zustand usw.) oder der vom ganzen Satz ausgedrückte ‚Sachverhalt' – für die spezielle Verknüpfungsbedeutung von Belang sein können, ist es weder möglich, die Konjunktionen isoliert von allen diesen Faktoren zu beschreiben, noch kann man ein einheitliches Beschreibungsmuster zugrunde legen und die Beschreibung – wie sonst in Wörterbüchern üblich – streng typisieren. Vielmehr werden in dem vorliegenden Lexikon jeweils nur die für die Beschreibung der Konjunktion relevanten Faktoren selektiv angegeben. Dabei wird allerdings eine gewisse Abfolge eingehalten:

Oberstes Einteilungskriterium ist die Bedeutungsmarkierung, die als adjektivisches Etikett gegeben wird und zur deutlicheren Kennzeichnung im Text ausgerückt und grau unterlegt ist. Bei der anschließenden verbalen Beschreibung[1] der Konjunktion bzw. – wenn es sich um eine polyseme Konjunktion handelt – der betreffenden Bedeutungsvariante werden zunächst die genannten formalen Besonderheiten angegeben, darauf folgt eine Erklärung und – falls notwendig – eine Spezifizierung und Differenzierung des allgemeinen Bedeutungsetiketts. Des weiteren werden – wenn die Konjunktion/Bedeutungsvariante nur eine partielle Funktion bei der Verknüpfung hat – die Faktoren aufgeführt, die die Verknüpfungsbedeutung konstituieren helfen oder sie in bestimmter Weise auf einen Sachverhalt, eine Nicht-/Person usw. begrenzen. Bei den subordinierenden Konjunktionen erfolgt in diesem Zusammenhang eine Angabe zur Stellung des Nebensatzes. Nach den Beispielen, die die zuvor gemachten Angaben zur Form und Bedeutung illustrieren, folgen in vielen Fällen Anmerkungen. Hier werden spezielle

---

[1] Auf eine formalisierte Beschreibung wird aus Gründen der Allgemeinverständlichkeit verzichtet.

Verwendungsweisen der Konjunktion/Bedeutungsvariante erläutert, aber auch formale oder semantische Bezüge zu anderen Konjunktionen hergestellt und sonstige für den Gebrauch der Konjunktionen notwendige Hinweise und Zusatzerläuterungen gegeben.

Bei den mit den Begriffen ‚Koordination' (oder Parataxe) und ‚Subordination' (oder: Hypotaxe) bezeichneten unterschiedlichen Verknüpfungsarten handelt es sich einerseits um verschiedene logisch-semantische Abhängigkeitsbeziehungen und andererseits um bestimmte satzstrukturelle und syntaktische Unterschiede. In der letzten Zeit ist man in der Fachliteratur vielfach dazu übergegangen, diesen Unterschieden entsprechend von *zwei Wortarten* zu sprechen. Wenn im vorliegenden Lexikon an einer einheitlichen Darstellung festgehalten wird,[1] so entsprechen wir damit nicht nur einer vor allem in der Lehrpraxis weit verbreiteten Beschreibungsart, sondern auch bestimmten übergeordneten Kriterien, wie sie in der oben gegebenen komplexen Wortartdefinition zum Ausdruck kommen. Die bestehenden Unterschiede werden damit nicht nivelliert oder gar negiert, sondern kommen dort, wo es die Vollständigkeit der Beschreibung notwendig macht, durchaus zur Geltung.

Die *semantischen Unterschiede* zwischen den koordinie-

---

[1] Diese Darstellung schließt auch die Konjunktionen ein, mit denen im Deutschen die verschiedenen Infinitive gekennzeichnet werden. Wir ordnen diese Konjunktionen den subordinierenden Konjunktionen zu, weil die Infinitive als (reduzierte) Nebensätze angesehen werden können. Die Übereinstimmung der Infinitive mit Nebensätzen äußert sich vor allem in den systematischen Entsprechungen der Bedeutungsvarianten (z.B. finales *damit* und *um … zu* oder *daß* und *zu* als kennzeichnende Merkmale für Sachverhalte als Objekt). Die Notwendigkeit einer besonderen Bezeichnung („Infinitivkonjunktionen") und einer entsprechenden Gruppenbildung ergibt sich aus den im Rahmen der semantischen Grundübereinstimmung bestehenden satzstrukturellen und syntaktischen Unterschiede, die mit der Reduktion zusammenhängen (Eliminierung des Subjekts in der Oberflächenstruktur, Stellung der Konjunktion *zu* beim Verb u. a.). Die Zuordnung der Infinitivkonjunktionen zu einer anderen Wortart (z. B. zu den Präpositionen oder den Partikeln) ist aber dennoch u. E. nicht berechtigt.

renden und den subordinierenden Konjunktionen werden bereits in der „Übersicht über die Bedeutungen und Funktionen der Konjunktionen" erkennbar, die dem Lexikonteil vorangestellt ist. An den Rubriken ist ablesbar, durch welche Konjunktionen die einzelnen Verknüpfungsbedeutungen ausgedrückt werden und durch welche Verknüpfungsart bestimmte Bedeutungen allein oder vorzugsweise repräsentiert sind.
Die *satzstrukturellen Unterschiede* der Verknüpfungsfähigkeit der koordinierenden und subordinierenden Konjunktionen (Satz mit Satz, Satzglied mit Satzglied, Satzgliedteil mit Satzgliedteil) werden jeweils bei der Einzelbeschreibung der koordinierenden Konjunktionen ausgewiesen. Für die subordinierenden Konjunktionen kann auf entsprechende Hinweise verzichtet werden, da diese nur Nebensätze anknüpfen.
Die *syntaktischen Unterschiede* betreffen die Satzverknüpfung durch koordinierende oder subordinierende Konjunktionen und sind Unterschiede in der Stellung

a) der beiden Teilsätze zueinander und
b) der finiten Verben in den Teilsätzen.

Die Regeln zu a) werden für die subordinierenden Konjunktionen im Rahmen der Einzelbeschreibungen der Konjunktionen im Lexikonteil gegeben (bezogen auf den Nebensatz und beschrankt auf den Nebensatz als Vorder- und Nachsatz), da sie nur schwer generalisierbar sind. Für die koordinierenden Konjunktionen erübrigen sich entsprechende Angaben, da hier der Konjunktionalsatz immer Nachsatz ist
Die Regeln zu b) sind genereller Art und werden im folgenden an Beispielen demonstriert:

Stellung des finiten Verbs im Konjunktionalsatz

> Er kommt heute nicht, *denn* er **ist** krank.
> (Zweitstellung nach koordinierender Konjunktion)
> Er kommt heute nicht, *weil* er krank **ist**.
> (Endstellung nach subordinierender Konjunktion)

Er sieht so aus, *als* **wäre** er krank. (Erststellung als Sonderfall nach hypothetisch-komparativem *als*)[1]

Stellung des finiten Verbs im Hauptsatz (bei Nebensatz als Vordersatz)

Weil er krank ist, **kommt** er nicht. (Zweitstellung nach Nebensatz als erstem Glied)
Auch wenn er krank ist, er **kommt** bestimmt. (Sonderfall der Zweitstellung nach Subjekt/Adverbial als erstem Glied, Nebensatz zählt nicht als erstes Glied)

Die unter 1. bis 3. genannten Faktoren sind nicht nur für die Wortartbestimmung der Konjunktionen von Bedeutung, sondern spielen auch für die Beschreibung der einzelnen Konjunktionen und speziell für die Variantenbildung polysemer Konjunktionen eine wichtige Rolle. So werden manche Varianten nicht durch die Bedeutung der Konjunktion selbst, sondern durch sekundäre Merkmale der Form oder des Kontextes konstituiert. Das betrifft z.B. die Konjunktionen *als* und *wie*, die in ihrer komparativen Bedeutung aufgrund der verschiedenen Verknüpfungsart (koordinierend vs subordinierend) verschiedene Varianten bilden. In noch stärkerem Maße gilt das für die temporalen Konjunktionen, bei denen das Bedeutungsetikett generell durch eine Klammerangabe zu den relativen Zeiten erweitert ist, die z. T. auch zur Variantenbildung dienen, obwohl es sich dabei – genau genommen – nicht um ein Merkmal der Konjunktionen, sondern der verknüpften Sachverhalte selbst handelt. Wichtig für das richtige Verständnis der Varianten und ihrer Bedeutungen ist auch (vgl. dazu schon oben

---

[1] Streng genommen müßte *als* aufgrund der besonderen Stellungsverhältnisse den Konjunktionaladverbien zugeordnet werden (vgl. unsere Bemerkungen zur Abgrenzung zwischen Konjunktionen und Konjunktionaladverbien). Unsere Beschreibung von *als* im Zusammenhang mit *als ob* erfolgt vor allem aus praktischen Gründen.

unter „Abfolge"), daß mit den Etiketten gewöhnlich nur eine Grundbedeutung angegeben wird. Es ist deshalb unbedingt notwendig, die verbale Beschreibung im anschließenden Text heranzuziehen, da im Einzelfall der gleiche Begriff Verschiedenes bezeichnen kann (besonders auffällig etwa bei „restriktiv" für *außer/nur daß* und *insofern/insoweit (als)*). Eine weitere, durch den Nachschlagecharakter des Buches bedingte Besonderheit der Variantenbeschreibung ist, daß bestimmte generelle Regeln nicht als solche an einer Stelle gegeben werden können, sondern bei jeder Variante wiederholt werden müssen (so etwa die Gebrauchsbeschränkung „Vergangenheit" für alle temporalen Varianten der Konjunktion *als*).

Die Termini wurden von uns auf ein Minimum reduziert. Bei manchen der für die Beschreibung notwendigen Termini kann angenommen werden, daß sie als Internationalismen oder als Begriffe der Schulgrammatik bekannt sind. Wo dies nicht der Fall ist, können vielfach die Beispiele eine Hilfe sein (z.B. für „affirmativ" die angegebenen Sätze, für „potential" die betreffenden Wendungen und für „iterativ" die Verben in den Beispielsätzen). Die Termini der Bedeutungsetiketten werden – abgesehen von jenen, bei denen auf andere Konjunktionen verwiesen wird – grundsätzlich im jeweils anschließenden Beschreibungstext erklärt. Bei manchen Begriffen hat der Praxisbezug des Buches zu Unschärfen geführt, so wenn für einen „von HS bzw. NS bezeichneten Sachverhalt" verkürzend „HS- bzw. NS-Sachverhalt" steht oder wenn von einem „negierten Sachverhalt" die Rede ist, obwohl vom philosophischen Gebrauch des Wortes „Sachverhalt" her das Denotat der Negation einer Aussage nicht als „Sachverhalt" angesehen wird. Nicht eindeutig ist auch der Terminus „Subjekt-Identität", der sowohl als Übereinstimmung der syntaktischen Nominativsubjekte als auch als Referenzidentität der logischen Subjekte verstanden werden kann. Auch hier helfen gewöhnlich die Beispiele bei der Erschließung der Bedeutung.

Übersicht über die Bedeutungen und Funktionen der Konjunktionen[1]

Bedeutung/ Funktion	subordinierende Konjunktion	koordinierende Konjunktion
adversativ	indes	aber
	während	allein
	wohingegen	(je)doch
		sondern
alternativ-konzessiv	ob … ob	–
alternativ	–	beziehungsweise
		entweder … oder
		oder
explikativ	–	das heißt
final	auf daß	–
	damit	
	daß	
	um … zu–	
instrumental	daß	–
	indem	
irreal-konsekutiv	als daß	–
	um … zu	
irreal-optativ	daß	–
	wenn	

[1] Die Etiketten der „Bedeutungen" werden in Kleinbuchstaben, die Etiketten der (grammatischen) „Funktionen" werden in Großbuchstaben gegeben. Die „Infinitivkonjunktionen" sind unter den subordinierenden Konjunktionen in Kursivdruck aufgeführt.

Bedeutung/ Funktion	subordinierende Konjunktion	koordinierende Konjunktion
kausal	als	–
	da	
	denn	
	umso mehr/weniger als	
	weil	
	zumal (da)	
komitativ	indem	–
komparativ	als	als
	als (ob)	denn
	als wenn	wie
	so	
	wie	
	wie wenn	
konditional	falls	–
	sofern	
	wenn	
konsekutiv	daß	
	so daß	
	um ... zu	
konzessiv	obgleich	–
	obschon	
	obwohl	
	obzwar	
	so	
	trotzdem	
	wenn	
	wenngleich	
	wennschon	
	wie	
	wiewohl	

Bedeutung/ Funktion	subordinierende Konjunktion	koordinierende Konjunktion
kopulativ	*um ... zu*	nicht nur ... sondern auch sowie sowohl ... als/ wie (auch) und weder ... noch wie
privativ	ohne daß *ohne ... zu*	–
proportional	je ... desto/ um so	
quantifizierend	–	bis
referierend	wie	–
restriktiv	als außer daß insofern insoweit nur daß soviel soweit	außer
restriktiv-final	*außer um ... zu*	–
restriktiv-konditional	außer wenn	–
spezifizierend	–	als wie
substitutiv	als daß (an)statt daß *(an)statt ... zu* ehe	(an)statt

Bedeutung/ Funktion	subordinierende Konjunktion	koordinierende Konjunktion
temporal (gleichzeitig)	als	–
	da	
	indes	
	seit(dem)	
	solange	
	sooft	
	während	
	wenn	
	wie	
temporal (nachzeitig)	als	–
	bevor	
	bis	
	ehe	
temporal (vorzeitig)	als	–
	bevor	
	bis	
	da	
	ehe	
	kaum daß	
	nachdem	
	seit(dem)	
	sobald	
	sowie	
	wenn	
ATTRIBUT	daß	–
	ob	
	zu	
OBJEKT	daß	–
	ob	
	zu	
PRÄDIKATSTEIL	*zu*	–
SUBJEKT	daß	–
	ob	
	zu	

Lexikographische Darstellung der Konjunktionen

aber

adversativ

Die koordinierende Konjunktion *aber* verbindet zwei satzwertige Teile in Form von Sätzen (HS oder NS), SG oder SGteilen. Sie hat adversative Bedeutung: Sie gibt einen Gegensatz an, der sich auf die Bedeutung der von den satzwertigen Teilen bezeichneten Sachverhalte bezieht und eine semantische Opposition zum Ausdruck bringt (rein adversativ). Sie kann aber auch einen Gegensatz angeben, der sich aus der Bewertung der Sachverhalte ergibt, in der Negation einer Erwartung besteht und eine Einschränkung darstellt (konzessiv-adversativ). Zwischen beiden Bedeutungen gibt es in Texten Ambiguitäten. Mit der Partikel *zwar* kann auf den Gegensatz vorausgewiesen werden.

adversativ

Er ist groß, aber seine Frau ist klein.
Die Wohnung ist klein, aber (sie) liegt günstig.
Es hat nicht geregnet, aber die Sonne hat auch nicht geschienen.
Peter ist (zwar) klug, aber faul.
Ich kenne ihn nicht, aber seinen Bruder.

konzessiv-adversativ

Die Kollegin ist krank, aber sie arbeitet.
Er war todmüde, aber (er) konnte nicht einschlafen.

Er wußte, daß er die Prüfung (zwar) bestanden hatte, aber daß er noch viel arbeiten mußte.
Sie hat gestern mit ihm gesprochen, aber nichts erreicht.
Er hat einen (zwar) sehr interessanten, aber doch wohl etwas zu langen Vortrag gehalten.
Sein Verhalten war ein Fehler, aber ein verzeihlicher.

Anmerkung:

Die adversative Bedeutung von *aber* schließt keine Unverträglichkeit der beiden Sachverhalte ein, sondern drückt einen Gegensatz auf der Basis bestimmter Gemeinsamkeiten aus. Bei direkter Gegenüberstellung (und Korrektur des ersten Sachverhalts) steht statt *aber* die Konjunktion *sondern:*

Das Kleid ist nicht rot, sondern blau.
→ ˣDas Kleid ist nicht rot, aber blau.

Vgl. dazu genauer unter *sondern* Anm.

allein

allein

adversativ

Die koordinierende Konjunktion *allein* verbindet zwei HS miteinander. Sie hat adversative Bedeutung und kommt gelegentlich in literarischer Sprache als stärkere Entsprechung für satzverknüpfendes *aber* vor.

Ich habe lange auf eine Antwort gehofft, allein ich wurde bitter enttäuscht.
Er war todmüde, allein er konnte lange nicht einschlafen.
Die Botschaft hör ich wohl, allein mir fehlt der Glaube. (J. W. Goethe)

temporal (gleichzeitig)

Die subordinierende Konjunktion *als* hat temporale Bedeutung im Sinne der Gleichzeitigkeit. Sie drückt aus, daß der NS-Sachverhalt zeitlich mit dem HS-Sachverhalt übereinstimmt. Mit *als* wird darüber hinaus der NS-Sachverhalt als einmalig in der Vergangenheit festgelegt (im Gegensatz zur Konjunktion *wenn*, mit der der NS-Sachverhalt als wiederholt in der Vergangenheit festgelegt wird).
Die Stellung des NS ist frei. Wenn der NS Vordersatz ist, kann der HS mit dem Korrelat *da* eingeleitet werden. Die Tempusformen in HS und NS stimmen überein.

> Der Anruf kam, als sie gerade die Wohnung verließ.
> Als wir Kinder waren, (da) verbrachten wir die Sommerferien immer bei den Großeltern.
> Ich habe mehrere Bekannte besucht, als ich neulich in Berlin war.
> Als der Startschuß fiel, sprangen die Schwimmer ins Wasser.
> Ausgerechnet in dem Moment, als wir losgehen wollten, begann es zu regnen.

Anmerkung:

Der Gebrauch von *als* für Vergangenheit ist nicht nur möglich, wenn die Vergangenheit im Präteritum oder Perfekt wiedergegeben wird, sondern auch im historischen und epischen Präsens:

> Ich verließ die Wohnung. Mit dem Fahrstuhl fuhr ich nach unten. Als ich aussteigen will, geht plötzlich das Licht aus ...

temporal (vorzeitig)

Die subordinierende Konjunktion *als* hat temporale Bedeutung im Sinne der Vorzeitigkeit. Sie drückt aus, daß der NS-Sachverhalt zeitlich vor dem HS-Sachverhalt liegt. Mit *als* wird außerdem der NS-Sachverhalt als einmalig in der Vergangenheit festgelegt (im Gegensatz zur Konjunktion *wenn*, mit der der NS-Sachverhalt als wiederholt in der Vergangenheit festgelegt wird).
Die Stellung des NS ist frei. Auf den NS als Nachsatz kann mit dem Korrelat *dann*, auf den NS als Vordersatz kann mit dem Korrelat *da* hingewiesen werden. Die Tempusformen in HS und NS sind verschieden (im HS Präteritum, im NS Plusquamperfekt).

Der Anruf kam (dann), als sie die Wohnung bereits verlassen hatte.
Als die Sonne längst aufgegangen war, (da) brachen wir endlich zu unserer Wanderung auf.
Erst als er genügend Material gesammelt hatte, konnte er seine Hypothese beweisen.

Anmerkung:

Vorzeitiges und gleichzeitiges *als* sind vor allem durch die Zeitenfolge in HS und NS zu unterscheiden. Öfter ist das unterschiedliche Zeitverhältnis auch an Temporaladverbien und anderen lexikalischen Zeitangaben im NS ablesbar (vgl. in den Beispielen *gerade, in dem Moment* für Gleichzeitigkeit, *bereits, längst, erst* für Vorzeitigkeit).

temporal (nachzeitig)

Die subordinierende Konjunktion *als* hat temporale Bedeutung im Sinne der Nachzeitigkeit. Sie drückt aus, daß der NS-Sachverhalt unmittelbar nach dem HS-Sachverhalt liegt. Temporalsätze mit nachzeitigem *als* sind auf die Vergangenheit beschränkt.

Im HS steht das obligatorische Korrelat *kaum.* Der NS ist gewöhnlich Nachsatz. Bei einem punktuellen Verb im HS sind die Tempusformen in beiden Teilsätzen verschieden (im HS Plusquamperfekt, im NS Präteritum), bei einem durativen Verb im HS stimmen sie überein.

> Er hatte sich kaum schlafen gelegt (Er lag kaum im Bett), als mehrmals das Telefon klingelte.
> Kaum hatte die Mutter die Wohnung verlassen (Kaum war die Mutter aus dem Haus), als die Kinder zu streiten begannen.

Zur Konverse mit der Konjunktion *kaum daß* vgl. dort.

komparativ (koordinierend)

Die koordinierende Konjunktion *als* schließt nur SG an. Sie hat komparative Bedeutung. Mit ihr werden zwei Nicht /Personen auf eine gemeinsame Eigenschaft hin verglichen. Die durch den Vergleich zu charakterisierende Nicht-/Person wird vor *als,* die zum Vergleich dienende Nicht-/Person nach *als* genannt. Das Adjektiv/Adverb, das die gemeinsame Eigenschaft zum Ausdruck bringt, steht unmittelbar vor *als.*
Die Konjunktion *als* steht in einem komplementären Verhältnis zur Konjunktion *wie.* Während mit der Konstruktion *so + Adjektiv/Adverb im Positiv + wie* das gleiche Maß der gemeinsamen Eigenschaft beider Nicht-/Personen bezeichnet wird, wird mit der Konstruktion *Adjektiv/Adverb im Komparativ + als* die Ungleichheit dieser Eigenschaft ausgedrückt (wobei die zu charakterisierende Nicht-/Person jeweils das höhere Maß aufweist.
Der Vergleich bezieht sich a) auf die beiden Nicht-/Personen unmittelbar (bei einem Kopulaverb) oder b) auf den vom Satz bezeichneten Sachverhalt mit zwei Nicht-/Personen (bei einem Vollverb oder einer entsprechenden Konstruktion), er kann sich aber auch

c) auf den Sachverhalt mit zwei inhaltlichen Angaben (Zeitpunkt, Ort, Instrument usw.) beziehen:

a) Der Sohn ist ein ganzes Stück größer als sein Vater.
Rohkost ist gesünder als gedünstetes Gemüse.

b) Peter schwimmt besser als seine Schwester.
Peter ist ein besserer Schwimmer als seine Schwester. (d. i. Peters Schwimmen ist besser als das Schwimmen seiner Schwester.)
Die neue Sekretärin schreibt schneller als ihre Vorgängerin.

c) Der Fluß ist jetzt sauberer als noch vor fünf Jahren.
Er fährt im Urlaub lieber ans Meer als ins Gebirge.

Anmerkungen:

1) Bei Verneinung ergibt sich aus der Ungleichheit zwischen beiden Nicht-/Personen Gleichheit:

Der Sohn ist nicht größer als sein Vater.
Peter schwimmt nicht besser als seine Schwester.

Gleichheit wird gewöhnlich nur bei erwarteter Ungleichheit durch *Verneinung* + *Komparativ* + *als* ausgedrückt. Die Grundform zum Ausdruck der Gleichheit ist *so* + *Positiv* + *wie:*

Der Sohn ist so groß wie sein Vater.
Peter schwimmt so schnell wie seine Schwester.

Wie die mit *als* bezeichnete Ungleichheit verneint werden kann und Gleichheit ergibt, so kann auch die mit *wie* ausgedrückte Gleichheit verneint werden, womit sich umgekehrt Ungleichheit ergibt. Auf diese Weise sind je zwei Formen der Gleichheit und der Ungleichheit zu unterscheiden:

x hat eine Eigenschaft im gleich hohen Maße wie y

Peter ist so alt wie Hans.

x hat eine Eigenschaft nicht im gleich hohen Maße wie y

Peter ist nicht so alt wie Hans.

y hat eine Eigenschaft im höheren Maße als x

Hans ist älter als Peter.

y hat eine Eigenschaft nicht im höheren Maße als x

Hans ist nicht älter als Peter.

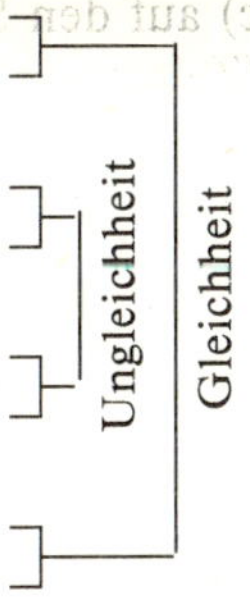

2) Wenn es beim Vergleich nicht um das verschiedene Maß einer gemeinsamen Eigenschaft geht, sondern um die verschiedene Art und Weise a) zweier Nicht-/Personen, b) eines Sachverhalts mit zwei Nicht-/Personen oder c) eines Sachverhalts mit zwei Zeit-, Orts- o. ä. -angaben, steht statt Adjektiv/Adverb im Komparativ *ander-:*

a) Peter ist in seinem ganzen Wesen anders als seine Schwester.

b) Der Violinist spielt in vielem anders als sein Lehrer.

c) Er spricht jetzt anders von ihr als früher.

Bei Verneinung ergibt sich auch bei *ander-* Gleichheit:

Peter ist in seinem Wesen nicht anders als seine Schwester.

Wenn das Negationswort ein substantivisches Pronomen ist, kann *ander-* im aktualen Satz fehlen:

Ihm kann niemand (anders / anderer) helfen als du.

Er sprach von nichts (anderem) als von seiner Reise.

als ist hier mit restriktivem *außer* synonym:

Ihm kann niemand helfen außer du / dir.

3) Vergleiche mit koordinierendem *als* + SG sind Reduktionen zu Komparativsätzen mit subordinierendem *als*, die aber gewöhnlich nur verwendet werden, wenn bestimmte Angaben (Zeitstufen, Ein- und Mehrzahl usw.) gemacht werden sollen:

Der Enkel ist größer, als sein Großvater gewesen ist.

Die neue Sekretärin schreibt schneller, als ihre Vorgängerin geschrieben hat.

Sein Sohn ist älter, als die meisten Jungen in der Trainingsgruppe sind.

Der Vergleich ist auch dann mit NS statt mit SG notwendig, wenn zwei Sachverhalte mit zwei Nicht-/Personen (oder auch einer Nicht-/Person) verglichen werden:

Die Sekretärin schreibt schneller, als der Professor diktiert.

Das Haus war kleiner, als ich es in Erinnerung hatte.

Seine Frau ist älter, als sie aussieht.

komparativ (subordinierend)

Die subordinierende Konjunktion *als* hat komparative Bedeutung. Der NS enthält als Subjekt eine Nicht-/Person, die mit der entsprechenden Nicht-/Person des HS auf eine gemeinsame Eigenschaft hin verglichen wird. Der NS ist immer nachgestellt. Das Adjektiv/Adverb, das die gemeinsame Eigenschaft der beiden Nicht-/Personen zum Ausdruck bringt, steht unmittelbar vor dem NS.

Die Konjunktion *als* steht in einem komplementären Verhältnis zur Konjunktion *wie*: Mit der Konstruktion *so + Adjektiv/Adverb im Positiv + wie* wird das gleiche Maß der gemeinsamen Eigenschaft der beiden Nicht-/Personen, mit der Konstruktion *Adjektiv/Adverb im Komparativ + als* das höhere Maß der gemeinsamen Eigenschaft bei der Nicht-/Person des HS bezeichnet.

Sein Sohn ist so alt, wie die meisten Jungen in der Gruppe sind.

Sein Sohn ist älter, als die meisten Jungen in der Gruppe sind.

Der Vergleich kann sich aber auch auf einen Sachverhalt mit zwei Nicht-/Personen beziehen:

Die neue Sekretärin schreibt besser, als ihre Vorgängerin geschrieben hat.

Um Varianten handelt es sich, wenn sich der Vergleich auf

a) zwei Sachverhalte mit zwei Nicht-/Personen,
b) zwei Sachverhalte mit einer Nicht-/Person
c) einen Sachverhalt mit zwei inhaltlichen Angaben (Zeitpunkt, Richtung, Instrument usw.)

bezieht:

a) Die Sekretärin schreibt schneller, als der Professor diktiert.
Er hat die Aufgabe besser gelöst, als wir gedacht hatten.
b) Der Hund riecht und hört besser, als er sieht.
Seine Frau ist älter, als sie aussieht.
c) Der Übernachtungspreis ist in diesem Jahr weit höher, als er in früheren Jahren war.

Hinsichtlich der Verneinung und des Vergleichs nach *ander-* verhält sich das subordinierende *als* wie das koordinierende *als*. Vgl. zu diesen Besonderheiten bei *als komparativ (koordinierend)* unter Anm. 1) und 2).
Zu den Gebrauchsbedingungen des subordinierenden *als* im Unterschied zum koordinierenden *als* vgl. ebenfalls dort unter Anm. 3).

spezifizierend

Die koordinierende Konjunktion *als* schließt nur SG an. Sie hat spezifizierende Bedeutung. Mit *als* wird ein SG angeschlossen, das für eine im Satz genannte Nicht-/Person eine Spezifizierung (oder auch Identifizierung) im Sinne der Angabe einer Funktion, Eigenschaft o. ä. darstellt.
Das *als*-SG steht im gleichen Kasus wie die spezifizierte Nicht-/Person (sog. Kasuskongruenz) und schließt zumeist unmittelbar an diese an. Im Unterschied zu den anderen koordinierenden Konjunktionen besteht für das spezifizierende *als* jedoch auch die Möglichkeit der Distanzstellung:

Subjekt

Herr Müller als neuer Kollege weiß das noch nicht.

→ Herr Müller weiß das als neuer Kollege noch nicht.

→ Als neuer Kollege weiß das Herr Müller noch nicht.

Objekt

Ich habe ihn als einen hilfsbereiten Menschen in vielen Situationen erlebt.

→ Ich habe ihn in vielen Situationen als einen hilfsbereiten Menschen erlebt.

Anmerkungen:

1) Die Kasusform ist vielfach das einzige Merkmal dafür, welche Nicht-/Person im Satz durch das *als*-SG spezifiziert wird:

Subjekt

Er hat den Ausländer schon *als Student* gekannt.

Objekt

Er hat *den Ausländer* schon *als Studenten* gekannt.

Fehlt das Kasusmerkmal, kann der Bezug doppeldeutig sein:

Subjekt/Objekt

Sie hat die Ausländerin schon als Studentin gekannt.

← *Sie* hat die Ausländerin schon *als Studentin* gekannt.

← Sie hat *die Ausländerin* schon *als Studentin* gekannt.

Wenn die spezifizierte Nicht-/Person als Genitivattribut erscheint, steht das *als*-SG ohne Artikel im Nominativ:

Er sprach von den Kosten der Montage als Arbeitsprozeß.

Aber regelmäßig im Genitiv mit bestimmtem/unbestimmtem Artikel:

Er sprach von den Kosten der Montage als eines aufwendigen Arbeitsprozesses / als des besonders aufwendigen Arbeitsprozesses.

2) Bei der oben beschriebenen Verwendungsweise des spezi-

fizierenden *als*-SG handelt es sich um eine direkte Beziehung zwischen zwei nominalen SG. Man spricht hier entweder von einer Attributs- oder von einer Appositionsbeziehung. Von dieser Verwendungsweise ist diejenige zu unterscheiden, bei der die Beziehung über das Vollverb im Satzprädikat realisiert wird. Das *als*-SG muß in diesem Falle als ein SG betrachtet werden, das gleichzeitig eine vom Verb regierte und eine mit dem spezifizierten SG kongruierende notwendige Ergänzung darstellt. Abhängig vom Verb und in Entsprechung zum spezifizierten SG steht hier das *als*-SG im Nominativ oder im Akkusativ:

Nominativ

Goethe galt zu seiner Zeit als Experte auf dem Gebiet der Farbenlehre.

Der neue Spieler erwies sich als ein Gewinn für die Mannschaft.

Der Unfall sollte dir als Warnung dienen.

Sie wird von allen als eine fähige Mitarbeiterin geschätzt.

Akkusativ

Sie bezeichnet ihn als einen ausgezeichneten Pianisten.

Der Betrieb hat ihn zum 1. Januar als Programmierer eingestellt.

Er hat Benzin als Reinigungsmittel verwendet.

kausal

Die subordinierende Konjunktion *als* hat kausale Bedeutung. Sie drückt aus, daß der NS-Sachverhalt der Grund (die Ursache) für den HS-Sachverhalt ist. Die Angabe des Grundes bezieht sich auf den hohen Grad einer Eigenschaft, der durch die Konstruktion *um so/ (desto) + Adjektiv im Komparativ* im HS ausgedrückt wird (vgl. die Paraphrasierung mit dem *weil*-Gefüge in den Beispielen). Der NS ist Nachsatz und folgt gewöhnlich unmittelbar auf das komparierte Adjektiv im HS.

Ein baldiger Abschluß der Bauarbeiten ist um so dringlicher, als der Winter vor der Tür steht.

→ Ein baldiger Abschluß der Bauarbeiten ist sehr dringlich, weil der Winter vor der Tür steht.

Sie ist um so ängstlicher, als sie schon zweimal durch die Fahrprüfung gefallen ist.

→ Sie ist deshalb besonders ängstlich, weil sie schon zweimal durch die Fahrprüfung gefallen ist.

Dies berührte mich um so sonderbarer, als mein Freund einen kraftstrotzenden Eindruck machte. (G. Hauptmann)

Man sieht der Prosperity mit desto reinerem Interesse zu, als niemand zu darben hat. (Th. Mann)

Die Komparative *mehr* und *weniger* sind mit *um so* und *als* als Teile der zusammengesetzten Konjunktion *um so mehr/weniger als* festgeworden. Man vgl. dort.

restriktiv

Die subordinierende Konjunktion *als* mit obligatorischem Korrelat *insofern* und *insoweit* hat restriktive Bedeutung. Sie steht in regulärer Wechselbeziehung zu den Konjunktionen *insofern* und *insoweit.* Man vgl. dort.

als daß/ um… zu

als daß/um … zu

irreal-konsekutiv

Die subordinierende zusammengesetzte Konjunktion *als daß* und die mit ihr alternierende Infinitivkonjunktion *um … zu* haben irreal-konsekutive Bedeutung. Sie

drücken in Verbindung mit dem Modalverb *können* aus, daß der NS/Inf.-Sachverhalt als Folge nicht realisiert werden kann (zu den Voraussetzungen im HS vgl. den Kommentar zu den Beispielen).
Das Subjekt des NS/Inf. ist oft nicht identisch mit dem Subjekt des HS, beim Inf. ist die Nicht-Identität jedoch beschränkt auf das Verhältnis zwischen einem unbelebten Subjekt im HS und dem (eliminierten) unbestimmt-persönlichen Subjekt (= *man*) im Inf.
Der NS ist immer nachgestellt, der Inf. ist auch vorangestellt möglich (bei vorangestelltem Inf. kann im HS an erster Stelle das fakultative Korrelat *dazu* stehen).
Das finite Verb des NS steht im Indikativ oder – vor allem in der geschriebenen Standardsprache – im Konjunktiv (Konj. Prät. für Gegenwart, Konj. Plusq. für Vergangenheit).
Die Unmöglichkeit der Realisierung des NS/Inf.-Sachverhalts im irrealen Konsekutivsatz ist abhängig

- von einem im HS angegebenen Übermaß einer Eigenschaft (markiert durch *zu*)
  (im Beispiel: Identität der Subjekte, Gegenwart)

  Er ist zu alt, als daß er sich noch umstellen könnte (umstellen kann).
  → Er ist zu alt, um sich noch umstellen zu können. (Um sich noch umstellen zu können, (dazu) ist er zu alt.)

  (im Beispiel: Nicht-Identität der Subjekte, Vergangenheit)

  Der See war zu kalt, als daß man darin hätte baden können (baden konnte).
  → Der See war zu kalt, um darin baden zu können.
  Sie sprach zu leise, als daß man sie hätte verstehen können (verstehen konnte).
  → ˣSie sprach zu leise, um sie verstehen zu können.

- von einem im HS angegebenen zu geringen Maß einer Eigenschaft (markiert durch *nicht genug*)

(im Beispiel: Nicht-Identität der Subjekte, Gegenwart)

Die Straße ist nicht breit genug, als daß man einen gesonderten Radweg anlegen könnte (anlegen kann).

→ Die Straße ist nicht breit genug, um einen gesonderten Radweg anlegen zu können.

(im Beispiel: Identität der Subjekte, Vergangenheit)

Er hatte nicht genug Kraft (oder: nicht Kraft genug), als daß er seinen Gegner hätte besiegen können (besiegen konnte).

→ Er hatte nicht genug Kraft (oder: nicht Kraft genug), um seinen Gegner besiegen zu können.

Anmerkungen:

1) Statt des Modalverbs *können* sind auch andere verbale Ausdrücke der Potentialität möglich:

Er ist zu alt, als daß er noch imstande ist / wäre (um noch imstande zu sein), sich umzustellen.

Wenn ein unpersönlicher Ausdruck der Potentialität verwendet wird, ist nur der NS und nicht der Inf. möglich:

Er ist zu alt, als daß es (für ihn) noch möglich ist / wäre, sich umzustellen.

2) Gelegentlich wird der Inf. ohne den einleitenden Konjunktionsteil *um* gebraucht:

Er ist zu alt, sich noch umstellen zu können.

substitutiv

Die subordinierende zusammengesetzte Konjunktion *als daß* (ohne entsprechende Infinitivkonjunktion) hat substitutive Bedeutung. Sie drückt aus, daß das – in HS und NS identische – Subjekt wider Erwarten nicht das vom NS-Prädikat Bezeichnete, sondern als Alternative das vom HS-Prädikat Bezeichnete realisiert. Diese Bedeutung ist an die Komparative *lieber, besser* im HS gebunden. Der NS ist gewöhnlich Nachsatz.

Ich bin lieber mit der Straßenbahn gefahren, als daß ich den weiten Weg zu Fuß machte.
Du legst dich mit deiner Erkältung besser zu Bett, als daß du hier herumläufst.

Substitutive *als daß*-Sätze sind bedeutungsmäßig synonym mit Sätzen, die durch *(an)statt daß/(an)statt … zu* eingeleitet werden:

Ich bin (lieber) mit der Straßenbahn gefahren, (an)statt den weiten Weg zu Fuß zu machen.

als (ob)

komparativ

Die subordinierende zusammengesetzte Konjunktion *als ob* und die einfache Konjunktion *als* mit unmittelbar folgendem finitem Verb (Verb in Erststellung) haben komparative Bedeutung im hypothetischen Sinne. Sie drücken aus, daß zwischen dem HS-Sachverhalt und dem NS-Sachverhalt das Verhältnis einer angenommenen oder vorgestellten Gleichheit besteht (im Unterschied zur subordinierenden Konjunktion *wie*, mit der eine reale Gleichheit bezeichnet wird).
Die Gleichheit wird festgestellt im Grade einer Eigenschaft, die die durch den Vergleich zu charakterisierende Nicht-/Person im HS mit einer unter bestimmten Bedingungen angenommenen oder vorgestellten Nicht-/Person gemeinsam hat (vgl. die Rückführung des ersten Beispiels). Die Eigenschaft des Vergleichs wird gewöhnlich durch ein Adjektiv/Adverb im HS ausgedrückt. Vor dem Adjektiv/Adverb steht das Korrelat *so*, das in Verbindung mit der Positiv-Form des Adjektivs/Adverbs die Gleichheit indiziert.
Der NS ist fast immer Nachsatz. Das finite Verb des NS steht häufiger im Konjunktiv als im Indikativ. Der Konjunktiv ist vor allem für den *als*-Satz charakteri-

stisch (für Gegenwart im Sinne der Gleichzeitigkeit Präteritum oder – seltener – *würde* + Inf. I und Präsens, für Vergangenheit im Sinne der Vorzeitigkeit Plusquamperfekt oder – seltener – Perfekt).

Dein Auto fährt so laut, als ob es einen Defekt hat.

← Dein Auto fährt laut. So laut fährt ein Auto (gewöhnlich nur), wenn es einen Defekt hat.

Es ist heute so warm, als wäre es Frühling.

Er erzählt so lebendig, als ob er alles selbst erlebt hätte.

Sie hat mich so entgeistert angesehen, als wäre ich ein Gespenst.

Das Kind macht den Eindruck, als ob es nicht genug geschlafen habe.

Anmerkungen:

1) Wenn der Kontext eindeutig ist, muß die Eigenschaft des Vergleichs im aktualen Satz nicht ausgedrückt werden. Das Korrelat *so* ist in diesem Falle fakultativ.

   Das Kind weinte (so) (laut/heftig), als ob es große Schmerzen hätte.

   Er musterte mich (so) (eindringlich), als habe er mich noch nie gesehen.

2) Im allgemeinen sind die hypothetischen Komparativsätze wie die Adverbialsätze überhaupt im Sinne der Valenz freie Angaben. Bei einer Reihe von HS-Verben sind sie jedoch obligatorische Aktanten. Zu diesen Verben, die nach ihrer lexikalischen Bedeutung „Eindrucksverben" genannt werden und die oft ohne das die Eigenschaft repräsentierende Adverb vorkommen, gehören u.a.:

   jemand / etwas wirkt (auf jemanden) (so), als (ob) ...
   jemand/etwas sieht (so) aus, als (ob) ...
   jemand tut (so), als (ob) ...
   jemand benimmt/fühlt/gibt/stellt sich (so), als (ob) ...
   etwas sieht/fühlt/hört sich (so) an, als (ob) ...
   etwas klingt (für jemanden) (so), als (ob) ...

   Einige dieser Verben werden auch unpersönlich mit *es* als formalem Subjekt gebraucht:

es wirkt (so)/klingt (so)/sieht (so) aus, als (ob) ...

Nur mit formalem Subjekt *es* kommen vor:

es ist (mir) (so)/scheint (mir) (so)/kommt (mir) (so) vor, als (ob) ...

Vergleiche folgende Beispiele:

Er tut so, als ob er kein Wort Deutsch verstehen würde.

Die Musik hört sich so an, als ob sie von Haydn ist.

Es kam mir vor, als hätte es die ganze Nacht geregnet.

Es scheint so, als ob die Apfelbäume dieses Jahr gut tragen werden.

3) Hypothetische Komparativsätze mit Zukunftsbedeutung (im Sinne der Nachzeitigkeit) sind relativ selten. Neben den zum Ausdruck der Zukunft üblichen Verbformen (Indik. Fut. I, Konj. Fut. I und *würde* + Inf. I) ist auch die Umschreibung mit Modalverb *wollen* im Konj. Prät. möglich:

Die Frau sieht so aus, als würde/werde sie gleich umfallen.

Es sieht so aus, als würde/wollte es jeden Augenblick anfangen zu regnen.

Er machte ein Gesicht, als wollte er noch etwas sagen.

4) Der Unterschied zwischen *als ob*-Sätzen und *als*-Sätzen mit unmittelbar folgendem finitem Verb ist rein stilistischer Art: Während *als ob*-Sätze in allen Textsorten vorkommen, sind *als*-Sätze für die literarische Sprache charakteristisch. In Th. Manns Novelle „Das Wunderkind" z. B. sind alle hypothetischen Komparativsätze *als*-Sätze (mit Konjunktiv):

Er geht an den Rand des Podiums, lächelt, *als sollte* er photographiert werden.

Er sieht aus, *als sei* er neun Jahre alt, zählt aber erst acht.

Er wirft bei jedem Takt den Oberkörper zurück, *als marschierte* er triumphierend im Festzuge.

In gleicher Bedeutung wie *als (ob)* kommen auch *als wenn* und *wie wenn* vor:

Er benimmt sich, als wenn nichts geschehen wäre.

Vom Fernsehturm hat man eine Aussicht, wie wenn man aus einem Flugzeug sieht.

) *als (ob)*-Sätze mit obligatorischem Konjunktiv (nur Präteritum bzw. Plusquamperfekt), die ohne HS gebraucht werden, haben die Funktion von Ausrufesätzen, die das Gegenteil des Gesagten ausdrücken (ohne Negationswort Verneinung oder – häufiger – mit Negationswort Bejahung):

Als ob ich das *nicht* längst wüßte! Als wüßte ich das *nicht* längst!
= Ich weiß das doch längst!
Als ob es das erste Mal gewesen wäre, daß er betrunken war!
= Es war *nicht* das erste Mal, daß er betrunken war.

Die gleiche Bedeutung haben auch *als wenn*-Sätze ohne HS:

Als wenn es außer dir niemanden gäbe, der im Ausland war!

6) Hypothetische Vergleiche in Satzform mit den Konjunktionen *als (ob)* und *als/wie wenn* korrespondieren mit hypothetischen Vergleichen in SG-Form mit der Konjunktion *wie*:

Er spricht so gut Deutsch, als ob er ein Deutscher wäre.
= Er spricht so gut Deutsch wie ein Deutscher.

Man vgl. dazu auch unter *wie komparativ (koordinierend, Anm. 3).*

als wenn

als wenn

komparativ

vgl. *als (ob)* Anm. 4)ff.

anstatt

anstatt

substitutiv

Die koordinierende Konjunktion *anstatt* (ohne Bedeutungsunterschied auch *statt*) schließt nur SG an (zum Satzanschluß vgl. *anstatt daß/anstatt ... zu*). Sie hat substitutive Bedeutung: Mit ihr wird ausgedrückt, daß

das Subjekt wider Erwarten etwas nicht realisiert, sondern alternativ dazu etwas anderes realisiert.
Das Nicht-Realisierte wird in der auf die Konjunktion unmittelbar folgenden Nominalgruppe (Objekt/Adverbial) ausgedrückt, das alternativ Realisierte wird in einer mit dieser Nominalgruppe syntaktisch kongruierenden Nominalgruppe ausgedrückt. Im Gegensatz zum allgemeinen Gebrauch der koordinierenden Konjunktionen kann das SG mit *(an)statt* auch vor dem kongruierenden SG im Satz stehen (im Aussagesatz häufig in Erststellung vor dem finiten Verb).

> Anstatt über Goethes Werk sprach er nur über sein Leben.
> Warum hast du ihm das Geld gegeben anstatt ihr?
> Anstatt vor dem Kino trafen wir uns erst im Saal.
> Sie führte ihn statt in ihr Zimmer zu ihren Eltern.

Anmerkungen:

1) Die koordinierende Konjunktion *(an)statt* unterscheidet sich von der entsprechenden Präposition *(an)statt* nur durch die fehlende Kasusforderung. Wenn der Kasus im aktualen Satz nicht erkennbar ist, läßt sich zuweilen nicht entscheiden, ob *(an)statt* Präposition oder Konjunktion ist:

   > Im Urlaub haben wir zum Frühstück immer Tee statt Kaffee getrunken.

2) Zum Verhältnis der koordinierenden Konjunktion *(an)statt* zur subordinierenden Konjunktion *(an)statt daß/(an)statt ... zu* vgl. dort unter *Anm. 2*

anstatt daß/anstatt... zu

substitutiv

Die subordinierende zusammengesetzte Konjunktion *anstatt daß* und die mit ihr alternierende Infinitivkonjunktion *anstatt ... zu* haben substitutive Bedeutung (ohne Bedeutungsunterschied auch *statt daß/statt ... zu*). Sie drücken aus, daß das – in HS und NS/Inf. identische – Subjekt wider Erwarten nicht das vom NS-Prädikat Bezeichnete, sondern als Alternative das vom HS-Prädikat Bezeichnete realisiert. Manchmal ist mit der Nicht-Erwartung eine negative Bewertung des vom HS-Prädikat Bezeichneten durch den Sprecher verbunden.

Da für Sätze mit *(an)statt daß/(an)statt ... zu* Subjekt-Identität charakteristisch ist, ist die Wahl zwischen NS und Inf. nicht – wie bei den Sätzen mit *damit/um ... zu* und *ohne daß/ohne ... zu* – durch die Subjektsverhältnisse bedingt. Die Bevorzugung des Inf. ergibt sich aus stilistischen Gründen (Inf. als Mittel der Kondensation).

Die Stellung des NS/Inf. ist frei. Wenn der NS-Sachverhalt in der Vergangenheit liegt, wird statt Indikativ auch Konjunktiv (Konj. Plusq.) verwendet.

Gegenwart

Ich gehe zur Arbeit lieber zu Fuß, anstatt daß ich mit der überfüllten Straßenbahn fahre.

Statt aufzupassen, machen die beiden Jungen schon wieder Krach.

Vergangenheit

Die Schülerin gab die Arbeit ab, statt daß sie die Aufgaben noch einmal durchrechnete (durchgerechnet hätte).

Anstatt das Radio in die Werkstatt zu bringen, hat er es selbst repariert.

Anmerkungen:

1) Unter bestimmten Bedingungen ist die obligatorische Subjekt-Identität in Sätzen mit *(an)statt daß/(an)statt ... zu* nicht eine Identität der syntaktischen Subjekte, sondern eine Referenzidentität der logischen Subjekte:

Statt daß *man* sich einigte, wollten *einige* unbedingt an ihrer Selbständigkeit festhalten. (*einige* als Teil von *man*)

Statt daß ihm *das Gericht* das Recht einräumte, seine Kinder einmal monatlich zu sehen, durfte *er* ihnen nur Briefe schreiben. (bei Modalverb *dürfen*: ..., erlaubte ihm *das Gericht* nur, Briefe zu schreiben)

2) Wenn HS und NS dasselbe Prädikat haben, bezieht sich die Nicht-Realisation auf das von einer Nominalgruppe des NS Bezeichnete und die Alternativ-Realisation auf das von einer Nominalgruppe des HS Bezeichnete. Bei den beiden Nominalgruppen kann es sich um Objekte oder Adverbiale handeln, die jeweils miteinander syntaktisch kongruieren. Gewöhnlich wird in diesen Fällen jedoch nicht ein Gefüge aus HS und NS verwendet, sondern ein einfacher Satz mit *(an)statt* als koordinierender Konjunktion zwischen SG:

Anstatt daß er über Goethes Werk sprach, sprach er nur über Goethes Leben.

→ Anstatt über Goethes Werk sprach er nur über Goethes Leben.

Warum hast du ihm das Geld gegeben, anstatt es ihr zu geben?

→ Warum hast du ihm das Geld gegeben anstatt ihr?

Statt daß die Kugel ins linke Loch rollte, rollte sie ins rechte Loch.

→ Statt ins linke (Loch) rollte die Kugel ins rechte Loch.

auf daß

final

Die subordinierende zusammengesetzte Konjunktion *auf daß* hat finale Bedeutung. Sie steht gelegentlich in literarischer Sprache als emphatische Entsprechung für finales *damit*. Der NS ist gewöhnlich Nachsatz. Das finite Verb steht zumeist im Konjunktiv.

Er hatte Goldstück um Goldstück für sie gespart, auf daß es ihr besser gehe. (H. Böll)
Sie brachte mich in die Schule, auf daß ich weiter geprügelt würde. (H. Böll)

außer

restriktiv

Die Konjunktion *außer* hat restriktive Bedeutung (= mit Ausnahme von). Sie steht gewöhnlich als subordinierende zusammengesetzte Konjunktion mit einem zweiten Teil als spezifizierendem Element. Vgl. unter *außer daß, außer um ... zu, außer wenn.*
Die Konjunktion *außer* ohne einen zweiten Teil ist eine auf die gesprochene Sprache beschränkte, koordinativ gebrauchte Variante. Bedeutungsmäßig entspricht sie – in Abhängigkeit vom Kontext – entweder der subordinierenden Konjunktion *außer daß* oder der subordinierenden Konjunktion *außer wenn.* Zwischen dem koordinierenden *außer* und dem angeschlossenen Satz gibt es häufig eine intonatorische Pause.

Es gibt keinen anderen Ausweg, außer wir bitten ihn um Hilfe. (= ..., außer daß wir ihn um Hilfe bitten.)
Ich komme bei der Wanderung mit, außer es regnet. (= ..., außer wenn es regnet.)

Nach koordinierendem *außer* ist der angeschlossene Satz zuweilen elliptisch. Dabei ist nicht immer deutlich, ob *außer* Konjunktion oder Präposition ist.

Keiner wußte von ihrer Krankheit, außer sie selbst. (mit *außer* als Präposition: Keiner wußte von ihrer Krankheit außer ihr selbst.)
Er hat mir immer geholfen, außer damals. (Konjunktion oder Präposition?)

restriktiv

Die subordinierende zusammengesetzte Konjunktion *außer daß* hat restriktive Bedeutung. Sie drückt aus, daß der NS-Sachverhalt der Inhalt („Inhalt" im Sinne der „Inhaltssätze") des Gegensatzes (der Negation) des HS-Sachverhalts ist. Bei einem negierten HS-Sachverhalt handelt es sich demgemäß um den „Inhalt" des affirmativen HS-Sachverhalts, bei einem affirmativen HS-Sachverhalt umgekehrt um den „Inhalt" des negierten HS-Sachverhalts. Der jeweils gegebene HS-Sachverhalt stellt die Norm dar, der Gegensatz (die Negation) wird vom Sprecher als Ausnahme angesehen. Man vgl. die Paraphrasen mit *aber* und *nur* zu den Beispielen. Der NS ist häufig Nachsatz.

Es gibt keinen anderen Ausweg, außer daß wir ihn um Hilfe bitten.

→ Es gibt keinen anderen Ausweg, es gibt aber den Ausweg, daß wir ihn um Hilfe bitten.

→ Es gibt nur den Ausweg, daß wir ihn um Hilfe bitten.

Im Urlaub hat es uns sehr gut gefallen, außer daß es im Hotel nachts oft recht laut war.

→ Im Urlaub hat es uns sehr gut gefallen, aber es hat uns nicht gefallen, daß es im Hotel nachts oft recht laut war.

→ Im Urlaub hat uns nur nicht gefallen, daß es im Hotel nachts oft recht laut war.

Außer daß er gestern abgereist ist, habe ich nichts in Erfahrung bringen können.

außer um…zu

restriktiv-final

Die zusammengesetzte Infinitivkonjunktion *außer um … zu* leitet einen Inf. mit restriktiv-finaler Bedeutung ein. Sie setzt einen negierten HS-Sachverhalt voraus und drückt aus, daß der NS-Sachverhalt der Zweck des nicht-negierten HS-Sachverhalts ist (Negation im HS + Konjunktionsteil *außer* als doppelte Verneinung zum Ausdruck der Bejahung). Der negierte HS-Sachverhalt stellt die Norm dar, der nicht-negierte HS-Sachverhalt die Ausnahme. Man vgl. die Paraphrasen mit *aber* und *nur* zum ersten Beispiel.
Das (eliminierte) Subjekt des Inf. ist immer identisch mit dem Subjekt des HS. Der Inf. ist zumeist nachgestellt.

Er kommt nie in die Stadt, außer um den Arzt aufzusuchen.
→ Er kommt nie in die Stadt, er kommt aber, um den Arzt aufzusuchen.
→ Er kommt nur in die Stadt, um den Arzt aufzusuchen.
Sie verließ den Kranken den ganzen Tag nicht, außer um Einkäufe zu machen.
Außer um Zwiebeln zu zerkleinern, kann man das Gerät zu nichts gebrauchen.

außer wenn

außer wenn

restriktiv-konditional

Die subordinierende zusammengesetzte Konjunktion *außer wenn* hat restriktiv-konditionale Bedeutung. Sie drückt aus, daß der NS-Sachverhalt die Bedingung des Gegensatzes (der Negation) des HS-Sachverhalts ist.

Bei einem negierten HS-Sachverhalt gilt die Bedingung demgemäß für den nicht-negierten HS-Sachverhalt, bei einem nicht-negierten HS-Sachverhalt umgekehrt für den negierten HS-Sachverhalt. Der jeweils gegebene HS-Sachverhalt stellt die Norm dar, der Gegensatz (die Negation) wird vom Sprecher als Ausnahme angesehen. Man vgl. die Paraphrasen mit *aber* und *nur* zu den Beispielen. Der NS ist häufig Nachsatz.

Sie ist stets gut gelaunt, außer wenn sie nicht ausgeschlafen hat.
→ Sie ist stets gut gelaunt, sie ist aber nicht gut gelaunt, wenn sie nicht ausgeschlafen hat.
→ Sie ist nur nicht gut gelaunt, wenn sie nicht ausgeschlafen hat.
Wir brauchen für das Auto keine Schneeketten, außer wenn es erneut Schneefälle gibt.
→ Wir brauchen für das Auto keine Schneeketten, aber wir brauchen Schneeketten, wenn es erneut Schneefälle gibt.
→ Wir brauchen für das Auto nur Schneeketten, wenn es erneut Schneefälle gibt.

Die restriktiv-konditionalen NS mit nicht-negiertem HS stehen bedeutungsmäßig verneinten Konditionalsätzen nahe. Der Unterschied besteht in den oben genannten pragmatischen Voraussetzungen für die restriktiv-konditionalen NS. Man vgl.:

Sie wird die Fahrprüfung bestehen, *wenn* sie *nicht* aufgeregt ist.
← Sie wird die Fahrprüfung (nur) unter der Voraussetzung bestehen, daß sie nicht aufgeregt ist (d. h. der NS-Sachverhalt wird vom Sprecher als notwendige Voraussetzung für den HS-Sachverhalt gesehen).
Sie wird die Fahrprüfung bestehen, *außer wenn* sie aufgeregt ist.
← Sie wird die Fahrprüfung bestehen, mit

Ausnahme des (nicht wahrscheinlichen) Falles, daß sie aufgeregt ist (d. h. der HS-Sachverhalt bildet die erwartete Norm, der NS-Sachverhalt gilt nur für den vom Sprecher nachträglich erwogenen Gegenfall).

Im gleichen Verhältnis stehen restriktiv-konditionale HNS mit Verneinung und Konditionalsätze ohne Verneinung zueinander:

Sie ist stets gut gelaunt, *wenn* sie ausgeschlafen hat.
Sie ist stets gut gelaunt, *außer wenn* sie *nicht* ausgeschlafen hat.

bevor

bevor

temporal (nachzeitig)

Die subordinierende Konjunktion *bevor* hat temporale Bedeutung im Sinne der Nachzeitigkeit. Sie drückt aus, daß der NS-Sachverhalt zeitlich nach dem HS-Sachverhalt liegt. Die Stellung des NS ist frei. Die Tempusformen in HS und NS sind in der Regel gleich (vgl. aber Anm. S. 11).

Bevor die Stunde beginnt, nehmen die Schüler die Bücher und Hefte heraus.
Die Studentin arbeitet eine Gliederung aus, bevor sie den Aufsatz niederschreibt.
Bevor er die Wohnung verläßt, schließt er immer alle Fenster.
Bevor die Sonne aufging, begannen wir mit dem Aufstieg auf den Berg.
Bevor er abreiste, besuchte er noch seinen Professor.

1) Trotz der verschiedenen Zeiten in HS und NS sind bei Nachzeitigkeit (des NS) die Tempusformen in beiden Teilsätzen gewöhnlich gleich. Sätze mit Nachzeitigkeit verhalten sich also in formaler Hinsicht nicht wie Sätze mit Vorzeitigkeit, sondern wie Sätze mit Gleichzeitigkeit. Man vgl.:

   Wir begannen mit dem Aufstieg, *nachdem* die Sonne aufgegangen war. (Vorzeitigkeit)

   Wir begannen mit dem Aufstieg, *während* die Sonne aufging. (Gleichzeitigkeit)

   Wir begannen mit dem Aufstieg, *bevor* die Sonne aufging. (Nachzeitigkeit)

   Verschiedene Tempusformen in HS und NS gibt es bei nachzeitigem *bevor* gelegentlich, wenn in der Vergangenheit die Abgeschlossenheit des HS-Sachverhalts vor dem NS-Sachverhalt betont werden soll. Dabei bleibt im NS die Tempusform (Präteritum) unverändert, während im HS die Tempusform für die Vorvergangenheit (Plusquamperfekt) gewählt wird.

   Bevor es dunkel wurde, hatten wir die Schutzhütte erreicht.

   Ich war schon ein ganzes Stück gefahren, bevor ich den Defekt bemerkte.

2) Da mit *bevor* ein reines Vorher-Nachher-Verhältnis ausgedrückt wird, ist es möglich, den Zeitabstand zwischen dem NS- und dem HS-Sachverhalt durch lexikalische Zeitangaben zu quantifizieren:

   Ein Jahr bevor er starb, setzte er ein Testament auf.

   Er kam auf den Bahnsteig, *kurz* bevor der Zug einfuhr.

   Mit dem Synonym *ehe* sind solche Quantifizierungen nicht möglich.

3) Nachzeitiges *bevor* steht zur Konjunktion *nachdem* in einem antonymen Verhältnis. Vgl. dazu unter *nachdem* Anm. 3).

   Das der Antonymie von *bevor* und *nachdem* zugrunde liegende gemeinsame Grundverhältnis eines reinen Vorher-Nachher ist der Grund dafür, daß nur bei diesen beiden Konjunktionen Quantifizierungen des Zeitabstands möglich sind. Vgl. jeweils unter Anm. 2).

Die subordinierende Konjunktion *bevor* hat temporale Bedeutung im Sinne der Vorzeitigkeit. Sie drückt aus, daß der NS-Sachverhalt zeitlich vor dem HS-Sachverhalt liegt. Die Stellung des NS ist frei. Die Tempusformen sind in HS und NS gewöhnlich verschieden (bei Gegenwarts- und Zukunftsbezug im HS Präsens bzw. Futur I, im NS Perfekt, bei Vergangenheitsbezug im HS Präteritum und im NS Plusquamperfekt).
Zwei Varianten sind zu unterscheiden:

– Wenn der HS- und der NS-Sachverhalt negiert sind (bei NS als Nachsatz ist die Negation im NS fakultativ), ist die temporale Bedeutung des NS mit einer konditionalen Bedeutung verbunden. Die Aufmerksamkeit wird auf den Zeitpunkt gerichtet, zu dem eine Bedingung erfüllt sein muß. Die Gesamtaussage des Satzgefüges ist positiv (doppelte Verneinung zum Ausdruck der Bejahung), die Konjunktion *bevor* kann – bei Aufhebung der Negation in HS und NS – durch die doppeldeutige temporal-konditionale Konjunktion *wenn* (und Korrelat *erst (dann)*) substituiert werden:

  Ich gehe nie schlafen, bevor ich (nicht) gründlich gelüftet habe.
  → Ich gehe immer erst dann schlafen, wenn ich gründlich gelüftet habe.
  Bevor der Direktor sich nicht sachkundig gemacht hatte, traf er keine Entscheidungen.
  → Erst wenn der Direktor sich sachkundig gemacht hatte, traf er (seine) Entscheidungen.
  Wir werden keine Ruhe geben, bevor (nicht) alle Möglichkeiten ausgeschöpft (worden) sind.

  Gelegentlich sind bei dieser Variante die Tempusformen gleich:
  Bevor die Hausaufgaben nicht fertig sind, dürft ihr nicht spielen.

Bevor ich nicht weiß, was geschehen ist, kann ich nicht helfen.

Anmerkung:

Nicht um vorzeitiges, sondern um nachzeitiges *bevor* (mit gleichen Tempusformen in HS und NS) handelt es sich, wenn sich die Verneinung nur auf den HS oder ein Satzglied im HS bezieht:

Die Milch wurde nicht überprüft, bevor sie in die Geschäfte kam.
Bevor ich ihn kannte, hielt ich nicht viel von ihm.

– Wenn der HS- und der NS-Sachverhalt nicht negiert sind, ist die temporale Bedeutung des NS mit einer Verneinung der Aussage verbunden (der NS-Sachverhalt wird durch das Eintreten des HS-Sachverhalts als nicht-realisiert dargestellt). Die Konjunktion *bevor*, vor der gewöhnlich die Partikel *noch* steht, kann – bei Einfügung einer Negation – durch die temporale Konjunktion *als* substituiert werden:

Er verließ uns, noch bevor wir uns begrüßt hatten.
→ Er verließ uns, als wir uns noch nicht begrüßt hatten.

Gleiche Tempusformen sind bei dieser Variante nur möglich, wenn im NS ein Modalverb steht:

Noch bevor ich etwas sagen konnte, schloß er die Diskussion.

beziehungsweise

alternativ

Die koordinierende Konjunktion *beziehungsweise* (oft abgekürzt *bzw.*) verbindet zwei HS, NS, SG oder SGteile. Sie hat alternative Bedeutung: Sie gibt an, daß das in den beiden Teilen Benannte zur Wahl gestellt wird. Es sind zwei Varianten zu unterscheiden: *beziehungsweise* kennzeichnet entweder eine Alternativität im Sinne einer Spezifizierung des ersten Teils durch den zweiten (a) oder eine Alternativität im Sinne einer paarweisen Zuordnung der beiden Teile (b).

a) Sie wußten, daß sie verloren hatten bzw. daß keine Aussichten auf einen Sieg mehr bestanden.
Nur 11 Prozent der festen Erdoberfläche werden als Ackerland bzw. für den Anbau von Dauerkulturen benutzt.

b) Er will kommen, bzw. sie will anrufen.
Die Konjunktion *oder* bezeichnet unverträgliche und verträgliche Einheiten (exklusive bzw. inklusive Alternativität).

bis

bis

quantifizierend

Die koordinierende Konjunktion *bis* verbindet SG-teile (in der Regel Zahlangaben). Sie drückt aus, daß mit den beiden Zahlangaben eine untere und eine obere quantitative Begrenzung von Nicht-/Personen erfolgt, womit eine ungefähre Quantitätsangabe gemacht wird. Graphisch wird die Konjunktion oft durch Bindestrich realisiert.

Jede Seminargruppe besteht aus 10 bis 15 Studenten (oder: 10–15 Studenten).
Die Mäntel kosten 400 bis 500 Mark.
Ein bis zwei Stunden Wartezeit mußt du rechnen.
Er hat den Aufsatz mit der Note „2–3“ (sprich: zwei bis drei) bewertet.

Vereinzelt steht *bis* auch zwischen anderen (adjektivischen) Maß- oder Wertangaben zum Ausdruck eines ungefähren Maßes oder Wertes:

> Es waren alles kleine bis mittelgroße Früchte.
> Das Konzert war mittelmäßig bis schlecht.

temporal (nachzeitig)

Die subordinierende Konjunktion *bis* hat temporale Bedeutung im Sinne der Nachzeitigkeit. Sie bringt zum Ausdruck, daß der NS-Sachverhalt der Endpunkt für den Zeitraum ist, in dem der HS-Sachverhalt liegt. Der NS enthält oft ein punktuelles Verb, der HS ein duratives Verb (oder ein punktuelles Verb mit iterativer Bedeutung). Die Stellung des NS ist frei. Die Zeitdauer des HS-Sachverhalts kann durch das auf den NS zurück- bzw. vorausweisende Korrelat *so lange* betont werden. Die Tempusformen in HS und NS stimmen in der Regel überein.

> Du überlegst so lange, bis es zu spät ist.
> Ich warte hier auf dich, bis du zurückkommst.
> Bis das Gewitter vorüber war, (so lange) saßen wir in einem Gasthaus.
> Ich habe zwei Stunden gesucht, bis ich den Schlüssel wiedergefunden habe.

Anmerkungen:

1) Unter bestimmten Bedingungen sind die Tempusformen von HS und NS verschieden. Dabei gibt es zwei Möglichkeiten:
   - Wenn die Abgeschlossenheit des NS-Sachverhalts gegenüber dem HS-Sachverhalt betont werden soll, wird im NS bei Gegenwarts- und Zukunftsbezug Perfekt statt Präsens bzw. Futur I und bei Vergangenheitsbezug Plusquamperfekt statt Präteritum gewählt:

     Bis der Regen aufgehört hat, bleibt ihr am besten hier.
     Ich werde warten, bis du alles erledigt hast.

Das Wasser kochte, bis es verdunstet war.

Ich winkte, bis der Zug um die Kurve gefahren war.

– Wenn – nur bei Vergangenheitsbezug möglich – die Vorzeitigkeit des HS-Sachverhalts vor dem NS-Sachverhalt hervorgehoben werden soll, erscheint im HS Plusquamperfekt statt Präteritum:

Er hatte lange warten müssen, bis er Antwort erhielt.

Bis er abreiste, hatten wir uns täglich getroffen.

2) Zwischen nachzeitigem *bis* und bestimmten anderen temporalen Konjunktionen gibt es systemhafte Funktionsentsprechungen:

– Das funktionale Verhältnis von *bis* und (vorzeitigem) *seitdem* ist antonymischer Art: Während mit dem *bis*-Satz der Endpunkt des HS-Sachverhalts angegeben wird, wird mit dem *seitdem*-Satz der Anfangspunkt des HS-Sachverhalts bezeichnet:

Bis ich mit der Dissertation fertig war, fand ich keine Ruhe.

Seitdem ich mit der Dissertation fertig bin, fühle ich mich wie befreit.

– *bis* und (nachzeitiges) *bevor* stehen im funktionalen Verhältnis einer Teilsynonymie: Während mit dem *bis*-Satz der (genaue) Endpunkt des HS-Sachverhalts bezeichnet wird, wird mit dem *bevor*-Satz ein – zumeist unmittelbar – nach dem HS-Sachverhalt liegender Zeitpunkt angegeben:

Bis er wegging, saßen wir zusammen und unterhielten uns.

Bevor er wegging, sprach er noch mit meinem Freund.

– Zu dem komplementären Verhältnis zwischen *bis* und *solange* vgl. unter *solange Anm. 4)*

temporal (vorzeitig)

Die subordinierende Konjunktion *bis* hat temporale Bedeutung im Sinne der Vorzeitigkeit, verbunden mit einer konditionalen Nebenbedeutung. Sie drückt aus, daß der NS-Sachverhalt zeitlich vor dem HS-Sachverhalt liegt. Die Aufmerksamkeit wird auf den Zeitpunkt gerichtet, zu dem eine Bedingung erfüllt sein muß.

Diese Bedeutung hat *bis* nur, wenn die beiden Teilsätze negiert sind (im nachgestellten NS ist die Negation fakultativ). Die Gesamtaussage des Satzgefüges ist positiv, die Konjunktion *bis* kann – bei Aufhebung der Negation – durch eine Konstruktion mit *erst dann, wenn* substituiert werden.
Die Stellung des NS ist frei. Wie bei nachzeitigem *bis* ist im HS das Korrelat *so lange* möglich. Die Tempusformen in HS und NS sind verschieden (bei Gegenwartsbezug im HS Präsens und im NS Perfekt, bei Vergangenheitsbezug im HS Präteritum und im NS Plusquamperfekt), können aber auch übereinstimmen.

> Ich äußere mich nicht zu dem Vorfall, bis (nicht) alle Fakten geklärt (worden) sind.
> → Ich äußere mich erst zu dem Vorfall, wenn alle Fakten geklärt (worden) sind.
> Bis du nicht alles im Kinderzimmer aufgeräumt hast, (so lange) darfst du nicht fernsehen.
> Wir können (so lange) nicht nach Hause gehen, bis (nicht) die Arbeit fertig ist.

da

kausal

Die subordinierende Konjunktion *da* hat kausale Bedeutung. Sie drückt aus, daß der NS-Sachverhalt der Grund (die Ursache) für den HS-Sachverhalt ist. Der NS kann als Vorder- oder als Nachsatz stehen.

> Da die Sängerin plötzlich erkrankt ist, muß das Konzert ausfallen.
> Der Ort ist sehr ruhig, da er abseits von den großen Straßen liegt.

Mit *da* konkurriert *weil.* In semantischer Hinsicht sind

beide Konjunktionen gleich und deshalb vielfach austauschbar:

> Weil die Sängerin plötzlich erkrankt ist, muß das Konzert ausfallen.
> Der Ort ist sehr ruhig, weil er abseits von den großen Straßen liegt.

Unter bestimmten Bedingungen wird eine der beiden Konjunktionen vorgezogen:

- *da* wird vorgezogen, wenn der NS Vordersatz ist, *weil* wird vorgezogen, wenn der NS Nachsatz ist. Der Nachsatz mit *weil* ist oft nachdrücklicher und wird vor allem dann verwendet, wenn die Grund-Folge-Relation des Kausalsatzes besonders eng ist und/oder der Grund das Neue in der Gesamtaussage des Satzgefüges darstellt (rhematisches *weil*). Wenn die Grund-Folge-Relation weniger eng ist und/oder im NS ein bekannter Sachverhalt als Grund angegeben wird, wird dagegen der NS als Vordersatz mit *da* verwendet (thematisches *da*).
- *da* wird in wissenschaftlich argumentierenden Texten mit schriftsprachlich gehobenem Ausdruck vorgezogen, *weil* wird bei Begründungen in Alltagssituationen in einer der gesprochenen Sprache nahestehenden Schriftsprache vorgezogen.

In bestimmten Fällen kann *da* nicht verwendet werden und ist nur *weil* möglich:

- *da* ist nicht möglich, wenn (im Dialog) auf eine Frage nach dem Grund für einen Sachverhalt als Antwort der zu begründende Sachverhalt nicht wiederholt wird und nur der Grund selbst genannt wird, d.h., der NS ohne HS geäußert wird:

> Warum kommt er nicht?
> → Er kommt nicht, da/weil er krank ist.
> ˣDa/Weil er krank ist.

- *da* ist nicht möglich, wenn im HS durch Korrelate wie *darum, deshalb, deswegen, aus dem Grund* auf den

NS mit besonderem Nachdruck hingewiesen wird (besonders bei nachgestelltem NS):

> Die Definition ist schon *darum* ungenügend, ˣda / weil sie wichtige Merkmale nicht enthält.
> Er möchte seine Wohnung *deshalb* gegen eine größere tauschen, ˣda / weil er nicht mehr genug Platz für seine Bücher hat.
> Ich empfinde die plötzliche Wärme *deswegen* so angenehm, ˣda / weil es so lange kalt war.
> ˣDa / Weil er nichts sehen will, *darum* sieht er nichts.

Umgekehrt ist nur *da* und nicht *weil* möglich, wenn im HS durch das Korrelat *so* auf den voranstehenden NS zurückverwiesen wird:

> Da / ˣWeil er uns stets nützlich war, *so* wollen wir ihm in würdiger Form danken.

Zum kausalen *da* in Verbindung mit der Konjunktion *zumal* vgl. dort.
Zur Einordnung der kausalen Relation in die allgemeine Grund-Folge-Relation vgl. unter *so daß.*

temporal (gleichzeitig) (vorzeitig)

Die subordinierende Konjunktion *da* hat temporale Bedeutung. Sie steht gelegentlich in gehobener Sprache zum Ausdruck der Gleichzeitigkeit oder Vorzeitigkeit, vor allem in relativer Funktion nach temporalen Adverbien/Adverbialen. Sie ist durch normalsprachliches *wo* (Gegenwart) oder *als* (Vergangenheit) ersetzbar.

Gleichzeitigkeit

> Als die Geschwister … Platz nahmen, lächelten beide, da sie die Servietten entfalteten. (St. Andres)
> An dem Tage, da er das Meer erblickte, beschloß er, Seemann zu werden.

Der Künstler schafft nicht nur in dem Augenblicke, da er den Pinsel oder den Meißel in die Hand nimmt. (J. R. Becher)

Vorzeitigkeit

Erst da auch das Gesetz-Nachspiel abgetan, wird mir die Neuheit und Fragwürdigkeit der Lage bewußt. (Th. Mann)
Jetzt, da alles besprochen und beschlossen (worden) ist, kommt dein Einwand zu spät.

damit / um ... zu

damit / um ... zu

final

Die subordinierende Konjunktion *damit* und die mit ihr alternierende Infinitivkonjunktion *um ... zu* haben finale Bedeutung. Sie drücken aus, daß der Sachverhalt des NS/Inf. die Absicht (den Zweck, das Ziel) des HS-Sachverhalts darstellt. Die Absicht ist gewöhnlich an ein personales Subjekt gebunden und mit einem Willenselement verbunden, das auf die Realisierung des HS-Sachverhalts gerichtet ist. Das Willenselement wird in der Zurückführung des Finalsatzes auf eine Konstruktion mit einem Kausalsatz erkennbar. Zwei Varianten sind zu unterscheiden:

a) Das wollende Personalsubjekt und das realisierende Subjekt sind *identisch*:

Er beeilt sich, damit er den Zug noch erreicht.
← Er beeilt sich, weil *er* will, daß *er* den Zug noch erreicht.

b) Das wollende Personalsubjekt und das realisierende Subjekt sind *nicht identisch*:

Er stellt mir den Ausländer vor, damit ich ihn kennenlerne.

← Er stellt mir den Ausländer vor, weil *er* will, daß *ich* ihn kennenlerne.

Zur Einordnung der finalen Relation in die allgemeine Grund-Folge-Relation vgl. unter *so daß*.
Als Grundregel für den Gebrauch der Konjunktionen *damit* und *um ... zu*, d. h. für die Wahl zwischen NS und Inf., bei Typ a) und Typ b) kann gelten:

- Der NS wird gewöhnlich nur bei Nicht-Identität der Subjekte gebraucht, bei Identität der Subjekte ist der NS zwar grundsätzlich möglich, aber kaum üblich:

  Er stellt mir den Ausländer vor, damit ich ihn kennenlerne. (b)
  (x)Er beeilt sich, damit er den Zug noch erreicht. (a)

- Der Inf. ist grundsätzlich nur bei Identität der Subjekte möglich, sein Gebrauch bei Nicht-Identität ist an besondere Bedingungen geknüpft (vgl. unter Anm. S. 11):

  Er beeilt sich, um den Zug noch zu erreichen. (a)
  xEr stellt mir den Ausländer vor, um ihn kennenzulernen. (b)

Aufgrund dessen, daß der NS bei Identität der Subjekte kaum üblich ist, der Inf. unter besonderen Bedingungen auch bei Nicht-Identität möglich ist und außerdem offensichtlich Identität beim Ausdruck einer finalen Relation häufiger vorkommt als Nicht-Identität, ist generell ein deutliches Überwiegen des Inf. in der Sprachwirklichkeit festzustellen.

Anmerkungen:

1) Unter folgenden Entsprechungsverhältnissen nicht-identischer Subjekte ist der Inf. statt NS möglich und zum Teil üblich:
   - Das Subjekt des HS ist unbelebt (häufig ein Verbalabstraktum) oder bezeichnet das Patiens der HS-Handlung (bei passivischem HS). Zwei Varianten:

Wenn das Agens des HS durch das Objekt (gelegentlich auch Adverbial) im HS ausgedrückt wird, ist das Inf.-Subjekt mit diesem identisch:

Ein Hinweis genügte *dem Schüler*, um die Aufgabe zu lösen.

Von uns wird alles unternommen, um ihm zu helfen.

In den Dörfern wurden große Anstrengungen gemacht, um die Ernte einzubringen.

Wenn das Agens des HS in der syntaktischen Oberflächenstruktur nicht ausgedrückt wird, ist das Inf.-Subjekt unbestimmt-persönlich (= *man*):

Es gibt viel Fachliteratur, um sich über das Problem zu informieren.

Das Auto wurde auf den Hof gefahren, um es zu waschen.

– Das Subjekt des HS bezeichnet den wollenden Teil (beschränkt auf Verben wie *schicken, bringen, geben*), das Objekt des HS den sollenden Teil. Das Inf.-Subjekt ist identisch mit dem Objekt des HS.

Die Mutter schickte *den Jungen* in die Drogerie, um Hustensaft zu kaufen.

2) Der NS und der Inf. werden häufig nachgestellt. Im voranstehenden HS kann durch fakultative Korrelate wie *deshalb, deswegen, darum, zu dem Zweck, in der Absicht* auf den Finalsatz hingewiesen werden:

Ich sage das (deshalb), damit ihr euch eine Vorstellung von den Schwierigkeiten machen könnt.

Ständige Kontrollen sind (deswegen) nötig, um Störungen sofort feststellen zu können.

3) Finalgefüge mit *damit/um ... zu* stehen zu Instrumentalgefügen mit *indem* in einem konversen Verhältnis: Bei *indem* nennt der NS das Mittel, der HS das Ziel, bei *damit/um ... zu* nennt der NS/Inf. das Ziel, der HS das Mittel. Man vgl.:

Er lernt die Regeln auswendig (Ziel), indem er sie ständig wiederholt (Mittel).

Er wiederholt die Regeln ständig (Mittel), um sie auswendig zu lernen (Ziel).

Der Unterschied zwischen beiden Gefügen besteht darin, daß bei *indem* das Ziel realisiert wird, bei *damit/um ... zu* noch nicht.

Ein weiterer Unterschied besteht darin, daß bei Instrumentalgefügen die wollende und die realisierende Subjektsperson (Subjekt von HS und NS) gewöhnlich identisch sind. Aus diesem Grund ist die Konverse zur Variante b) des Finalgefüges nicht möglich:

Der Lehrer wiederholt die Regeln ständig, damit die Kinder sich die Regeln besser einprägen.
→ ˣDie Kinder prägen sich die Regeln besser ein, indem der Lehrer sie ständig wiederholt.

4) In der Regel ist das wollende Subjekt des Finalsatzes eine Person. Vereinzelt ist auch ein unbelebtes Subjekt möglich, wenn es sich um einen zweckbestimmten Gegenstand handelt:

Die Wäsche hängt auf dem Hof, um zu trocknen.
Die Birnen müssen lagern, um zu reifen.

5) Eine besondere Bedeutung haben einige stereotype *um ... zu*-Konstruktionen mit Verben des Sagens in Verbindung mit bestimmten Adverbien (oder präpositionalen Adverbialien). Mit diesen Konstruktionen kommentiert der Sprecher seine eigene Meinung:

Ihr Bild ist völlig mißlungen, um es kurz (oder: deutlich / mit einem Wort / in aller Deutlichkeit) zu sagen.

Es handelt sich hier nur scheinbar um ein Gefüge aus einem HS und einem Inf. in NS-Funktion zum HS. In Wirklichkeit fehlt in der syntaktischen Oberflächenstruktur die Redeeinleitung des Sprechers, zu der der Inf. die Finalbestimmung ist und von der der scheinbare HS mit dem Redeinhalt in Form eines uneingeleiteten NS abhängt. Die Eliminierung des (eigentlichen) HS ist möglich, weil zwischen dem HS und dem Inf. eine lexiko-semantische Symmetrie besteht (sog. Echo-Satz):

Um es kurz zu sagen, sage ich, daß Ihr Bild völlig mißlungen ist

Mit der Reduktion hängt zusammen, daß der Inf. bei Vorderstellung nicht erstes Stellungsglied des (scheinbaren) HS sein kann:

Ihr Bild ist völlig mißlungen, um es kurz zu sagen.
→ ˣUm es kurz zu sagen, ist Ihr Bild völlig mißlungen.
Um es kurz zu sagen, Ihr Bild ist völlig mißlungen.

Mit dem finalen Inf. als Sprecherkommentar konkurrieren Partizipialkonstruktionen mit gleicher Lexik:

Ihr Bild ist – kurz gesagt – völlig mißlungen.

6) Das finite Verb im NS mit *damit* steht gewöhnlich im In-

dikativ, in literarischer Sprache kommt gelegentlich auch Konjunktiv (Präs. oder Prät.) vor. Der Konjunktiv unterstreicht den Soll-Charakter des Finalsatzes.

Vor einigen Wochen hatte er einen Zwetschgenkern in die Erde gelegt, damit ein Bäumchen daraus werde. (L. Frank)

Er war auch bereit, Diederich zur Aufnahme vorzuschlagen, damit die nationalen Kräfte eine Kräftigung erführen. (H. Mann)

7) Die subordinierende Konjunktion *damit* wird im Gegensatz zum Pronominaladverb *damit*, das bei besonderem Nachdruck auch auf der ersten Silbe betont werden kann, immer auf der zweiten Silbe betont.

das heißt

das heißt

explikativ

Die koordinierende zusammengesetzte Konjunktion *das heißt* (oft abgekürzt: d. h.) verbindet zwei HS, NS, SG oder SGteile. Sie hat explikative Bedeutung: Sie gibt an, daß das durch den zweiten Teil Benannte das durch den ersten Teil Benannte näher erläutert (expliziert, paraphrasiert, interpretiert). Vielfach handelt es sich um eine Präzisierung des zuvor Gesagten, die mit einer Teilkorrektur (oder: Einschränkung) verbunden sein kann.

Picasso lebte von 1881 bis 1973, das heißt, er wurde über neunzig Jahre alt.

Er hat gesagt, daß der Aufsatz noch in diesem Monat abzuschließen (sei), d. h. (, daß) das Manuskript fertigzustellen sei.

Wenn er achtzehn, d. h. volljährig ist, kann er über das Erbe selbst verfügen.

Mit Teilkorrektur/Einschränkung:

Meine Bekannten wohnen in Berlin, d. h., sie

haben in einem Vorort von Berlin ein Häuschen.
Er ist ein sehr gewissenhafter Mensch, d. h., ich nehme es an.
Er hat einen Aufsatz, d. h. eine ganze Abhandlung über das Wortarten-Problem geschrieben.

daß

SUBJEKT/OBJEKT/ATTRIBUT

Die subordinierende Konjunktion *daß* hat keine adverbiale Bedeutung, sondern eine grammatische (syntaktische) Funktion. Sie zeigt an, daß der NS a) Subjekt des HS, b) Objekt des HS oder c) Attribut eines Substantivs im HS ist. Der *daß*-Satz vertritt ein Subjekt/Objekt/Attribut nur, wenn diese SG einen Sachverhalt – und nicht eine Nicht-/Person – repräsentieren.

a) Die Prädikatsausdrücke (Vollverb oder Kopula-/Funktionsverb + Adjektiv/Substantiv), die einen *daß*-Satz als Subjekt haben können, sind von ihrer lexikalischen Bedeutung her begrenzt. Es gehören dazu u. a. Vollverben/Adjektive/Substantive, die eine Gefühlsäußerung, eine Wertung oder ein Glauben/Wissen ausdrücken.
Die Stellung des NS ist frei. Als Korrelate im HS treten *es* (bei NS als Nachsatz) und *das* (bei NS als Vordersatz) auf. Das Korrelat *es* ist an der Satzspitze obligatorisch, in Binnenstellung verbabhängig obligatorisch oder fakultativ. Das Korrelat *das* ist immer fakultativ.

Es nützt dir / Es ist nützlich für dich / Es ist für dich von Nutzen, daß du die Zusatzprüfung gemacht hast.
Daß sie wieder gesund ist, (das) freut uns alle /

(das) ist erfreulich / (das) ist für alle eine große Freude.

Leider ist (es) unbestreitbar, daß er nicht die volle Wahrheit gesagt hat.

Mir erscheint es glaubhaft, daß er die Wahrheit gesagt hat.

b) Die Prädikatsausdrücke (Vollverb oder Kopula-/Funktionsverb + Adjektiv/Substantiv), die einen *daß*-Satz als Objekt haben können, sind sehr zahlreich und nach ihrer lexikalischen Bedeutung nur schwer systematisierbar. Neben den Verben/Adjektiven/Substantiven der Gefühlsäußerung, des Denkens, des Wertens und der Handlungsbeteiligung gehören dazu auch die Verben des Sagens und Aufforderns und des Wahrnehmens.
Eine Zweiteilung ergibt sich in syntaktischer Hinsicht dadurch, daß der *daß*-Satz einem Akkusativobjekt oder einem Präpositionalobjekt entsprechen kann (*daß*-Sätze als Genitiv- oder Dativobjekt sind selten). Davon ist die Form des Korrelats abhängig: Beim *daß*-Satz als Akkusativobjekt treten als Korrelate die Pronomina *es* und *das* auf, beim *daß*-Satz als Präpositionalobjekt treten als Korrelate Pronominaladverbien (*da(r)* + verbabhängige Präposition) auf. Wenn der NS Nachsatz ist, steht *es* bzw. *da(r)* + *präp* in Binnenstellung verbabhängig obligatorisch oder fakultativ, wenn der NS Vordersatz ist, steht satzeinleitend fakultativ *das* und obligatorisch *da(r)* + *präp.* Der NS ist häufig nachgestellt.

Ich habe (es) erst heute erfahren, daß ich auch mündlich geprüft werde.

Hast du (davon) gehört, daß er Oberassistent geworden ist?

Der Autofahrer hat keine Schuld (daran), daß der Radfahrer gestürzt ist.

Ich bin es leid, daß ich dich immer wieder ermahnen muß.

Er hat dazu beigetragen, daß die Inszenierung ein so großer Erfolg wurde.

Daß er die Frau kennt, (das) hat er heftig bestritten.
Daß kein Unbefugter das Betriebsgelände betritt, dafür ist der Pförtner verantwortlich.

Anmerkung:

Für die gesprochene Sprache sind *daß*-Sätze mit finitem Verb in der 2. Pers. Sing./Pl. Präs. charakteristisch, die ohne HS gebraucht werden. Diese Sätze sind als Objektsätze zu verstehen, die um den HS mit einem Verb des Aufforderns reduziert sind. Mit ihnen wird eine strikte nichtoffizielle Aufforderung an einen in der Situation anwesenden Adressaten ausgedrückt. Der Aufforderungscharakter des *daß*-Satzes wird durch lexikalische Elemente (z. B. Partikel *ja*) unterstrichen.

Daß du ja pünktlich bist!
Daß du mir die Milch nicht überkochen läßt!
Daß ihr auf keinen Fall die Hefte vergeßt!

Vereinzelt handelt es sich auch um Sätze, die um den HS mit einem Verb der emotionalen Bewertung (Verwunderung u. ä.) reduziert sind:

Daß du immer das letzte Wort haben mußt!
Daß dich der Lärm gar nicht stört!

c) Der *daß*-Satz als Attribut kommt in der Regel nur bei solchen Substantiven vor, die Nominalisierungen von Verben (Vollverb oder Kopulaverb + Adjektiv) sind. Bei der Reverbalisierung zeigt sich, daß dem Attribut ein Objekt zu einem Verb zugrunde liegt. Die Substantive haben die gleiche lexikalische Bedeutung wie die unter b) genannten Vollverben und Adjektive.

seine Antwort, daß er bald kommen würde
← er antwortet, daß er bald kommen würde
seine Wut, daß er keine Eins bekommen hat
← er ist wütend, daß er keine Eins bekommen hat

Über die Nominalisierungen im eigentlichen Sinne hinaus sind auch solche Substantive mit einem *daß*-Satz attribuierbar, die nur eine indirekte Entsprechung in einem Verb haben:

seine Idee, daß sich alle beteiligen sollten
← sein Vorschlag, daß sich alle beteiligen sollten
← er schlägt vor, daß sich alle beteiligen sollten

Umgekehrt sind manche reverbalisierbaren Substantive nicht der Attribuierung mit einem *daß*-Satz, sondern der Attribuierung mit einem Inf. mit *zu* fähig:

seine Angewohnheit, viel zu trinken
seine Bereitschaft, an dem Projekt mitzuarbeiten

instrumental

Die subordinierende Konjunktion *daß* hat instrumentale Bedeutung. In Verbindung mit den Korrelaten *dadurch* und – seltener – *damit* drückt sie aus, daß der NS-Sachverhalt das Mittel (Instrument im weiteren Sinne, Medium) bildet, das zur Erreichung des im HS ausgedrückten Zieles angewendet wird.
Dem Wesen des Instrumentalgefüges entsprechend (vgl. dazu unter *indem* instrumental), ist das NS-Subjekt gewöhnlich eine mit dem HS-Subjekt identische Person. Die Stellung des NS ist frei. Bei NS als Vordersatz wird das Korrelat nach links ausgerahmt.

Er verschaffte sich dadurch Gehör, daß er an sein Glas schlug.
Dadurch, daß man auf die Fehlerquelle aufmerksam macht, verhindert man unerwartete Schwierigkeiten.
Sie erreichte damit/dadurch allgemeine Anerkennung, daß sie alle Arbeiten pünktlich und gewissenhaft erledigte.
Damit, daß sie dem Großvater ein lustiges Erlebnis erzählte, hat sie ihn wieder aufgemuntert.

Bei manchen *daß*-Sätzen mit Korrelat *dadurch* ist die instrumentale Bedeutung mit einer kausalen Nebenbedeutung verbunden. In diesen Fällen ist die Rückführung des *daß*-Satzes sowohl auf einen instrumentalen *indem*-Satz als auch auf einen kausalen *da-/weil*-Satz möglich.

Er hat bei seinem Hausbau *dadurch* viel Geld gespart, *daß* er einen Teil der Arbeit selbst gemacht hat.

← Er hat bei seinem Hausbau viel Geld gespart, *indem/weil* er einen Teil der Arbeit selbst gemacht hat.

Eine Kontamination beider Gefüge ist als nicht normgerecht anzusehen:

(x)Die Überarbeitung des Buches ist *dadurch* erforderlich, *weil* neue Erkenntnisse vorliegen.

final

Die subordinierende Konjunktion *daß* hat finale Bedeutung. Sie wird gelegentlich statt *damit* verwendet, ist aber weniger deutlich als diese Konjunktion.

Nimm eine Jacke mit, daß du dich nicht erkältest.
Wir werden uns sehr anstrengen, daß alles gut klappt.

irreal-optativ

Die subordinierende Konjunktion *daß* leitet einen NS mit irreal-optativer Bedeutung ein, der um den HS reduziert ist. In Verbindung mit der stellungsvariablen Partikel *doch* (oder/und *nur*) und dem Konjunktiv (Konj. Prät. für Gegenwart, Konj. Plusq. für Vergangenheit) drückt *daß* die spezielle Satzart eines irrealen Wunschsatzes aus. *daß* ist in dieser Verwendung weitgehend bedeutungsgleich mit irreal-optativem *wenn*, jedoch beschränkt auf einen gehobenen Stil und ohne die durch *wenn* implizierte konditionale Nebenbedeu-tung.

Daß er doch noch bei uns wäre!
Daß doch alles nur ein Traum (gewesen) wäre

daß/
um … zu

daß/um … zu

konsekutiv

Die subordinierende Konjunktion *daß* und die mit ih alternierende Infinitivkonjunktion *um … zu* haben konsekutive Bedeutung: Mit ihnen wird zum Aus-druck gebracht, daß sich der NS/Inf.-Sachverhalt als Folge aus dem im HS angegebenen notwendigen Maß (markiert mit *genug*) ergibt. Der NS/Inf. enthält zu-meist eine lexikalische Komponente des Ausdrucks der Potentialität *(können).*
Zwischen dem Subjekt des HS und dem Subjekt des NS/Inf. gibt es sowohl Identität als auch Nicht-Identi-tät. Der NS/Inf. ist häufiger nachgestellt als vorange-stellt. Bei Voranstellung des NS wird der HS obligato-risch, bei Voranstellung des Inf. wird der HS fakultativ mit dem Korrelat *dazu* eingeleitet. Das finite Verb des NS steht im Indikativ.

Er war klug genug, daß er seinen Fehler ein-sah. (Daß er seinen Fehler einsah, dazu war e klug genug.)
→ Er war klug genug, um seinen Fehler ein-zusehen. (Um seinen Fehler einzusehen (dazu) war er klug genug.)
Er ist Manns genug, daß er sich selbst helfen kann/um sich selbst helfen zu können.
Der Hörsaal war groß genug, daß man darin die Tagung durchführen konnte/um darin die Tagung durchführen zu können.

) Das notwendige Maß für die Realisierung des NS-Sachverhalts kann im HS auch durch das Korrelat *so* bezeichnet werden:

Er war so klug, daß er seinen Fehler einsah (..., um seinen Fehler einzusehen).

) Gelegentlich wird das notwendige Maß im HS auch mit einem verneinten *zu* bezeichnet (vor allem vor einem Inf.):

Er war nicht zu dumm, um seinen Fehler einzusehen.

) Beim Inf. kann der einleitende Konjunktionsteil *um* fehlen:

Er war klug genug (so klug, nicht zu dumm), seinen Fehler einzusehen.

denn

kausal

Die koordinierende Konjunktion *denn* verbindet zwei HS miteinander. Sie hat kausale Bedeutung. Der mit *denn* angeschlossene zweite Satz gibt den Grund (die Ursache) für den Sachverhalt im ersten Satz an.

Das Konzert muß ausfallen, denn die Sängerin ist plötzlich erkrankt.
Die Blumen auf dem Balkon sind erfroren, denn es hat heute nacht Frost gegeben.
Er besucht sehr oft seine Mutter, denn sie ist schwer krank.

Wenn mit *denn* – wie in den obigen Beispielen – der wirkliche Grund für einen Sachverhalt gekennzeichnet wird, ist diese Konjunktion semantisch weitgehend mit den subordinierenden Konjunktionen *da* und *weil* identisch:

Das Konzert muß ausfallen, da/weil die Sängerin plötzlich erkrankt ist.

Ein gewisser Unterschied zwischen *da/weil* einerseit und *denn* andererseits besteht darin, daß der mit *den* gekennzeichnete Grund nur als Nachsatz stehen kann d. h. immer rhematisch ist (dies vor allem im Gegen satz zu *da*), und eine relativ selbständige Angabe zun Sachverhalt des HS darstellt (dies vor allem im Gegen satz zu *weil*).

Einen deutlichen Unterschied zwischen *da/weil* un *denn* gibt es, wenn es nicht um die Kennzeichnun eines wirklichen Grundes für einen Sachverhalt, son dern um die Begründung für eine Vermutung ode eine Aufforderung geht. In diesen Fällen ist nur *den* möglich:

> Es hat heute nacht bestimmt Frost gegeben denn die Blumen auf dem Balkon sind erfro ren (ˣ..., da/weil die Blumen auf dem Balko erfroren sind).
>
> Besuche bitte bald deine Mutter, denn sie is schwer krank (ˣ..., da/weil sie schwer kran ist).

Anmerkung:

denn schließt im Unterschied zu den meisten koordinieren den Konjunktionen nur einen HS, nicht ein SG oder eine NS an. Wenn *denn* vor einem konjunktionalen NS steht, lei tet es das gesamte Satzgefüge aus diesem NS und einem H ein, der mit dem NS durch die Konjunktion im Satzgefüg verknüpft ist.

> Ich glaube ihm nicht, *denn wenn* man ihn beraub hätte, hätte er die Polizei verständigt.
>
> → Ich glaube ihm nicht, *denn* er hätte die Polize verständigt, *wenn* man ihn beraubt hätte.
>
> Sie war von ihrem Sieg überzeugt, denn um ihn z erringen, hatte sie hart trainiert.

Zur Einordnung der kausalen Relation in die allgemein Grund-Folge-Relation vgl. unter *so daß*.

ie koordinierende Konjunktion *denn* schließt in kom-
arativer Bedeutung ein SG an. Sie entspricht seman-
isch der Konjunktion *als* zum Ausdruck der realen
Jngleichheit und wird in der schriftlichen Standard-
prache gelegentlich als Ersatz für diese Konjunktion
erwendet, um doppeltes *als* zu vermeiden. Doppeltes
ls ergibt sich vor allem, wenn diese Konjunktion
leichzeitig in komparativer und in spezifizierender
Bedeutung verwendet wird. Man vergleiche das fol-
ende Beispiel:

> Er hat als Biologe viel geleistet. Er hat als Mediziner noch mehr geleistet.
> → (x)Er hat als Mediziner noch mehr als als Biologe geleistet.
> → Er hat als Mediziner noch mehr denn als Biologe geleistet.

Iier werden zwei Sätze mit je einem spezifizierenden
ls (er ... als Biologe, er ... als Mediziner) zusammenge-
ügt, um die Sachverhalte in einen direkten Vergleich
u bringen. Da dieser Vergleich die Ungleichheit zei-
en soll und diese durch die Verbindung eines Kompa-
ativs mit *als (mehr als)* realisiert wird, ergibt sich die
enannte Verdopplung von *als*.

> Er war als Künstler bedeutender denn als Wissenschaftler.
> Gruppensprachen werden mehr als Kuriositäten denn als Produkt der sozialen Wirklichkeit betrachtet.
> Wir möchten in diesem Fall *als* eher als eine Konjunktion denn als eine Präposition bezeichnen.

doch

adversativ

Die koordinierende Konjunktion *doch* (auch in de Form *jedoch*) verbindet zwei satzwertige Teile in Form von Sätzen (HS oder NS), SG oder SGteilen. Sie ha adversative Bedeutung. Sie ist bedeutungsgleich mi *aber* (vgl. dort), gehört aber im Unterschied zu diese Konjunktion, die in allen Textsorten möglich ist, nu der gehobenen Stilebene an. Sie ist in literarischer und wissenschaftlichen Texten als stilistische Variante von *aber* üblich, in einer mündlichen Alltagskommuni kation wirkt sie allzu gewählt (vor allem in der bedeu tungsmäßig stärkeren Form *jedoch*).

> Er ist nicht gut im Sport, (je)doch in der Sprachen ist er allen voraus.
> Sie hat gesagt, daß sie sehr wenig Zeit hat (je)doch sehr gern mitkommen würde.
> Die Wohnung ist sehr klein, (je)doch günstig gelegen.
> Sie hat sich einen teueren, (je)doch hochmo dischen Mantel gekauft.

ehe

ehe

temporal (nachzeitig)

Die subordinierende Konjunktion *ehe* hat temporale Bedeutung im Sinne der Nachzeitigkeit. Sie stimmt in syntaktischer und semantischer Hinsicht mit der ent sprechenden Variante von *bevor* überein. Man verglei che zu den folgenden Beispielen unter *bevor* tempora (nachzeitig).

> Ehe/Bevor die Stunde beginnt, nehmen die Schüler die Bücher und Hefte heraus.

Wir begannen mit dem Aufstieg, ehe/bevor die Sonne aufging.
Ehe/Bevor die Sonne unterging, hatten die Bauern die Arbeit beendet.

temporal (vorzeitig)

Die subordinierende Konjunktion *ehe* hat temporale Bedeutung im Sinne der Vorzeitigkeit. Sowohl die negierte als auch die nicht-negierte Sub-Variante stimmen mit den entsprechenden Sub-Varianten des vorzeitigen *bevor* überein. Man vergleiche die dortige Beschreibung der folgenden Beispiele:

Ich gehe nie schlafen, ehe/bevor ich (nicht) gründlich gelüftet habe.
Ehe/Bevor die Hausaufgaben nicht fertig sind, dürft ihr nicht fernsehen.
Er verließ uns, noch ehe/bevor wir uns begrüßt hatten.

substitutiv

Die subordinierende Konjunktion *ehe* hat substitutive Bedeutung. Sie drückt aus, daß das – in HS und NS identische – Subjekt wider Erwarten nicht das vom NS-Prädikat Bezeichnete, sondern als Alternative das vom HS-Prädikat Bezeichnete realisiert. Diese Bedeutung wird durch die Komparative *lieber, besser* im HS gestützt. Der NS ist häufiger Vordersatz als Nachsatz.

Ehe du mit der Straßenbahn fährst, gehst du besser zu Fuß.
Ich bringe das Radio lieber in die Werkstatt, ehe ich es selbst repariere.

Substitutive *ehe*-Sätze sind synonym mit Sätzen, die durch *(an)statt daß/(an)statt ... zu* eingeleitet werden.

Ein gewisser Bedeutungsunterschied besteht darin, daß mit *ehe*-Sätzen nur potentielle Sachverhalte wiedergegeben werden können.

entweder ... oder

entweder ... oder

alternativ

Die koordinierende mehrteilige Konjunktion *entweder ... oder* verbindet zwei HS, NS, SG oder SGteile. Sie hat alternative Bedeutung: Sie gibt an, daß das in den beiden Teilen Benannte in bezug auf den gegebenen Kontext zur Wahl gestellt wird. Im Unterschied zur einfachen Konjunktion *oder* ist die mehrteilige Konjunktion *entweder ... oder* eindeutig. Sie kennzeichnet das in den beiden Teilen Benannte immer als einander ausschließende Alternativen (exklusive Alternativität) und nicht auch als gleichermaßen gültige Auswahleinheiten (inklusive Alternativität).
Wenn bei einer *entweder ... oder*-Satzverknüpfung die Subjekte der beiden Teilsätze identisch sind, können – außer bei satzeinleitendem *entweder* – im zweiten Teilsatz das Subjekt und andere identische Glieder fehlen. Bei HS-Verknüpfung kann das finite Verb nach satzeinleitendem *entweder* an erster oder an zweiter Stelle stehen.

Du gehst entweder nach Hause, oder du bleibst hier. (Du gehst entweder nach Hause oder bleibst hier.)
Entweder hat er/Entweder er hat in der letzten Zeit zu viel gearbeitet, oder er ist wirklich krank.
Sie wissen, daß Sie entweder die Prüfung bestehen müssen oder (daß Sie) nicht weiterstudieren können.

Wir fahren dieses Jahr entweder an die See oder in den Harz.
Die Blüten der Blume sind entweder rot oder rosa oder weiß.

falls

konditional

Die subordinierende Konjunktion *falls* hat konditionale Bedeutung: Sie drückt aus, daß der NS-Sachverhalt die Bedingung für den HS-Sachverhalt ist. Sie unterscheidet sich von der konditionalen Konjunktion *wenn* dadurch, daß sie

- einen Sachverhalt immer eindeutig als Bedingung bezeichnet

  Wenn er nach Dresden kommt, besucht er uns. (konditional/temporal)
  → Falls er nach Dresden kommt, besucht er uns. (konditional)

- gewöhnlich nur potentielle oder erfüllbare irreale Bedingungen und nicht auch unerfüllbare irreale Bedingungen bezeichnet (zum Unterschied vgl. unter *wenn konditional*)

  Wenn heute Sonntag wäre, könnte ich ausschlafen. (unerfüllbare irreale Bedingung)
  → (x)Falls heute Sonntag wäre, könnte ich ausschlafen.

- nicht zum Ausdruck eines Bedingung-Folge-Zusammenhanges zwischen NS- und HS-Sachverhalt verwendet werden kann, wenn der NS-Sachverhalt als Faktum interpretiert werden muß

  Du singst ja ausgezeichnet. Wenn (/xfalls) du so gut singen kannst, dann kannst du ja gleich mal die Titelpartie in unserem Singspiel übernehmen.

– Bedingungen (stärker) als bloße Annahme akzentuiert (ähnlich wie *wenn*-Sätze mit Konj. Prät.)

Wenn du Lust hättest, könnten wir einen Spaziergang machen.
→ Falls du Lust hast, könn(t)en wir einen Spaziergang machen.

Die Stellung des NS ist frei. Aufgrund der besonderen Bedeutung der Konjunktion kommen *falls*-Sätze kaum mit Konjunktiv vor, relativ häufig sind dagegen *falls*-Sätze mit *sollen* als finitem Verb (im Konj. Prät.), womit dem Satz die zusätzliche Bedeutung der Eventualität verliehen wird.

Falls es ein Defekt in der Leitung ist, kann ich es nicht selbst reparieren.
Nimm einen Schirm mit, falls es regnet.
Falls wir uns nicht noch einmal sehen sollten, gebe ich dir den Schlüssel gleich mit.

Anmerkung:

Da *wenn*-Sätze mit beiden Modi und außerdem mit Modalverb *sollen* und *falls*-Sätze zumindest mit und ohne *sollen* vorkommen, steht eine ganze Skala von Ausdrucksformen für (potentielle) Bedingungen zur Verfügung, die jedoch nur schwer semantisch-pragmatisch zu differenzieren sind:

Wenn du Lust hast / Wenn du Lust hättest / Wenn du Lust haben solltest,
Falls du Lust hast / Falls du Lust haben solltest,
} könnten wir am Nachmittag ins Kino gehen.

indem

indem

instrumental

Die subordinierende Konjunktion *indem* hat instrumentale Bedeutung: Mit ihr wird ausgedrückt, daß der NS-Sachverhalt das Mittel (Instrument im weiteren

Sinne, Medium) bildet, das zur Erreichung des im HS ausgedrückten Zieles angewendet wird.
Der Einsatz eines Mittels setzt gewöhnlich eine wollende Person voraus, die gleichzeitig die realisierende Person ist. Im Instrumentalgefüge sind demgemäß das Subjekt des HS und das Subjekt des NS miteinander identisch und auf Personen beschränkt.
Der NS ist häufig nachgestellt.

Du kannst ihm eine Freude bereiten, indem du ihn besuchst.
Man reinigt den Füller, indem man ihn mit klarem Wasser füllt.
Er hat bei seinem Hausbau viel Geld gespart, indem er einen Teil der Arbeit selbst gemacht hat.
Indem der Vater mit ihr rechnete, half er ihr, die Prüfung zu bestehen.

Anmerkung:

Das Instrumentalgefüge steht in einem konversen Verhältnis zum Finalgefüge. Vgl. dazu unter *damit/um … zu Anm. 3).*

komitativ

Die subordinierende Konjunktion *indem* hat komitative Bedeutung: Mit ihr wird ausgedrückt, daß der NS-Sachverhalt einen notwendigen Begleitumstand zum HS-Sachverhalt bildet.
Die komitative Satzverknüpfung ist ein Sonderfall der gleichzeitigen Temporalverknüpfung, bei dem die temporale Beziehung ein gegenseitiges Abhängigkeitsverhältnis der beiden Sachverhalte impliziert. Entsprechend dieser Beziehung besteht zwischen HS und NS Subjekt-Identität. Subjekt ist eine Person. Der NS ist häufig nachgestellt. Komitative *indem*-Sätze kommen vor allem in der Literatursprache vor.

Er hält sein Töchterchen auf den Knien und läßt sie, indem er die Zigarette weit von ihm weghält, mit ihren feinen Händchen an seiner Brille fingern. (Th. Mann)

Die beiden Kleinen stapfen und stolpern über den Teppich, indem ein jedes nach seinem gewohnten Ziele steuert, er zur Mutter, sie zum Vater. (Th. Mann)

Indem sie Kopf und Oberkörper leicht nach vorn schob, fragte sie den Fremden nach seinem Begehr. (H. Kasack)

Anmerkung:

Instrumentales *indem* ist durch *dadurch, daß,* komitatives *indem* ist durch *wobei* substituierbar:

Er verschaffte sich Gehör, *indem* er an sein Glas schlug.

→ Er verschaffte sich *dadurch* Gehör, *daß* er an sein Glas schlug.

Er lief die Straße entlang, *indem* er ständig vor sich hin murmelte.

→ Er lief die Straße entlang, *wobei* er ständig vor sich hin murmelte.

indes

indes

temporal (gleichzeitig) + adversativ

Die subordinierende Konjunktion *indes* hat temporale Bedeutung im Sinne der Gleichzeitigkeit, manchmal zusätzlich noch adversative Bedeutung. Sie steht gelegentlich in literarischer Sprache für *während*, jedoch nicht in rein adversativer Bedeutung. Ein operationaler Test zur Bedeutungsdifferenzierung bei *indes* ist die Substitution mit eindeutig adversativem *wohingegen* (nur im dritten und vierten Beispiel möglich). Die Stellung des NS ist frei. Die Tempusformen in HS und NS stimmen überein.

temporal (gleichzeitig)

Und indes sie ins Haus gingen, erklärte Pai ihr, dies sei seine Mama. (H. Mann)
Die Prinzessin bietet ein Bild vornehmen Friedens, indes sie dem arbeitenden Wunderkinde zuschaut. (Th. Mann)

temporal (gleichzeitig) + adversativ

Im Baß sieht man den Uhu sitzen und grämlich mit seinen Schleieraugen klappen, indes im Diskant zugleich frech und ängstlich die Spatzen schwirren. (Th. Mann)
Die einen stürzten sich begeistert auf das neue, noch unbenützte Jahrhundert, indes die anderen sich noch schnell im alten gehen ließen. (R. Musil)

insofern

restriktiv

Die subordinierende Konjunktion *insofern* hat restriktive Bedeutung. Mit ihr wird ausgedrückt, daß der NS-Sachverhalt den Geltungsbereich des HS-Sachverhalts einschränkt. Oft bezieht sich die Einschränkung auf eine Eigenschaft, die durch ein prädikatives Adjektiv im HS repräsentiert ist. Der durch den NS festgelegte Geltungsbereich für den HS kann auch als Grund – manchmal auch als Bedingung – für den HS interpretiert werden. Dementsprechend sind Transformationen der *insofern*-Sätze in *da-/weil*-Sätze (bzw. *wenn*-Sätze) möglich, wodurch allerdings die restriktive Bedeutung verlorengeht. Der Restriktivsatz mit *insofern* ist gewöhnlich Nachsatz.

Der Vortrag war interessant, insofern er neben theoretischen Fragen auch Probleme der Anwendung behandelte (..., da/weil er neben theoretischen Fragen auch Probleme der Anwendung behandelte).

Er wird mir bei der Arbeit helfen, insofern er dazu in der Lage ist (..., wenn er dazu in der Lage ist).

Er ist uns nützlich gewesen, insofern er gelegentlich Beiträge beigesteuert hat.

Mein Rat wird euch, insofern ihr ihn genau befolgt, sehr nützlich sein.

Anmerkungen:

1) Von restriktivem *insofern* ist konditionales *sofern* zu unterscheiden. Man vgl. dort.

2) Restriktivsätze mit *insofern*, die Kausalsätzen entsprechen, kommen auch mit *als* als zweitem Teil der Konjunktion vor:

Der Vortrag war interessant, insofern als er neben theoretischen Fragen auch Probleme der Anwendung behandelte.

Er ist uns nützlich gewesen, insofern als er gelegentlich Beiträge beigesteuert hat.

3) In regulärer Wechselbeziehung zu den Restriktivsätzen mit *insofern(als)* stehen NS mit der Konjunktion *als* und *insofern* als obligatorischem Korrelat im HS. In semantischer Hinsicht stimmen beide Satztypen überein (das betrifft auch die Transformierbarkeit). Ein Unterschied besteht in der Betonung: Die Konjunktion *insofern* (ohne zweiten Teil *als*) wird gewöhnlich auf der dritten Silbe betont, das Korrelat *insofern* (und die Konjunktion *insofern* mit zweitem Teil *als*) dagegen auf der zweiten Silbe.

Das Buch ist insofern interessant, als es von einem Augenzeugen der Ereignisse geschrieben ist (Das Buch ist interessant, da/weil ...).

Ein schneller Abschluß der Arbeit ist nur insofern möglich, als alle mit anpacken (Ein schneller Abschluß ist nur möglich, wenn ...).

Die Konjunktion ‚falls' unterscheidet sich insofern von der Konjunktion ‚wenn', als sie nur konditional gebraucht wird.

Eine Beurteilung der Lage im Lande ist insofern äußerst schwierig, als nicht alle Fakten bekannt sind

restriktiv

Die subordinierende Konjunktion *insoweit* hat restriktive Bedeutung. Mit ihr wird ausgedrückt, daß der NS-Sachverhalt den Geltungsbereich des HS-Sachverhalts einschränkt. *insoweit* ist weitgehend mit der Konjunktion *insofern* bedeutungsgleich (vgl. dort). Ein gewisser Bedeutungsunterschied besteht darin, daß bei *insoweit* stärker die wörtliche Bedeutung des adjektivischen Wortteils durchschlägt und die Restriktion aus diesem Grund nicht so sehr konditional oder kausal, sondern lokal (im Sinne eines Erstreckungsbereichs) gedeutet werden kann.
Wie *insofern* kann *insoweit* mit den gleichen Betonungsbesonderheiten auch als Konjunktion mit zweitem Teil *als* oder als Korrelat zur restriktiven Konjunktion *als* gebraucht werden (vgl. *insofern Anm. 3).*

Konjunktion insoweit

> Die Dissertation war ausgezeichnet, insoweit (als) sie theoretische Fragestellungen behandelte.
> Er kann alles selbständig entscheiden, insoweit (als) er im Rahmen der allgemeinen Bestimmungen bleibt.
> Ein erfolgreicher Abschluß der Verhandlungen wird möglich sein, insoweit ich die Lage richtig beurteile.

Korrelat insoweit

Man kann ihm insoweit in der Beurteilung der Vorlage zustimmen, als alles gründlich durchdacht ist.
Die Brüder ähneln sich insoweit, als beide groß und schlank sind.

je ... desto/ um so

proportional

Bei der mehrteiligen Konjunktion *je ... desto/um so* leitet *je* einen NS als Vordersatz und *desto/um so* einen anschließenden HS ein. Unmittelbar auf die beiden Konjunktionsteile folgt je ein Adjektiv/Adverb. Die Konjunktion hat proportionale Bedeutung. Sie drückt aus, daß der Grad (das Maß) der durch das Adjektiv/ Adverb im HS bezeichneten Eigenschaft abhängig von und proportional zu der durch das Adjektiv/Adverb im NS bezeichneten Eigenschaft kontinuierlich steigt.

> Je näher der Prüfungstermin rückte, desto größer wurde meine Aufregung.
> Je länger ich das Bild betrachtete, um so besser gefiel es mir.
> Je weiter man in die Innenstadt gelangt, um so stärker wird der Verkehr.
> Je früher wir mit der Arbeit beginnen, desto eher sind wir fertig.

Anmerkungen:

1) Wenn der NS als Nachsatz gebraucht wird, steht der HS ohne *desto/um so,* aber mit *immer* vor dem Komparativ oder mit doppeltem, durch *und* verbundenem Komparativ:
   > Meine Aufregung wurde *immer größer,* je näher der Prüfungstermin rückte.
   > Meine Aufregung wurde *größer und größer,* je näher der Prüfungstermin rückte.
2) Wenn das Proportionalgefüge insgesamt als NS von einem HS abhängig ist, muß der mit *je* eingeleitete NS als Nachsatz stehen:
   > Ich spürte, daß meine Aufregung um so größer wurde, je näher der Prüfungstermin rückte.
3) In älterer Sprache – in Sprichwörtern noch lebendig – bestand die mehrteilige proportionale Konjunktion häufig aus der Doppelform *je ... je*:
   > Je mehr man liest, je mehr man lernt.

Je strenger das Verbot, je süßer schmecken die Äpfel.
Je reger der Mund, je träger die Hände.

jedoch

adversativ

vgl. *doch*

je nachdem

proportional

Die subordinierende zusammengesetzte Konjunktion *je nachdem* hat proportionale Bedeutung. In Verbindung mit einem Fragewort drückt sie aus, daß das Zutreffen jeder einzelnen von mehreren (zumeist zwei) HS-Alternativen abhängig von und proportional zu einer von mehreren Alternativen ist, die als Antworten auf die NS-Frage möglich sind.
Mit dem Fragewort im NS wird spezifiziert, von welcher Art von Antwortalternativen die HS-Alternativen abhängen: Mit dem Fragewort *ob* wird die Alternative zwischen Affirmation und Negation des NS-Sachverhalts spezifiziert, mit den *w*-Fragewörtern wird die Alternative in Hinsicht auf eine entsprechende temporale, lokale o. ä. Sachverhaltsangabe spezifiziert.
Die Stellung des NS ist frei.

> Der Kraftfahrer fährt langsam oder schnell, je nachdem, ob die Straße gut oder schlecht ist.
> Je nachdem, wieviel Geld ich übrig habe, kaufe ich mir als Souvenir einen Wandteller, eine Spitzendecke oder einen Goldreif.

Die Vortragsreihe wird im September oder im Oktober beginnen, je nachdem, wann der Professor von seiner Auslandsreise zurückkehrt.

Anmerkung:

Besteht die HS-Alternative in einer Alternative zwischen Affirmation und Negation oder aus einer Alternative, die im Kontext eindeutig ist, werden die Teilsätze oft syntaktisch reduziert:

Sie malt, je nachdem (ob) sie Lust hat.
← Sie malt oder malt nicht, je nachdem ob sie Lust hat oder keine Lust hat.
Je nachdem es ihnen paßt, werden sie kommen.
← Je nachdem ob es ihnen paßt oder nicht paßt, werden sie kommen oder nicht kommen.
Je nachdem, wann es ihnen paßt, werden sie (früher oder später) kommen.

kaum daß

kaum daß

temporal (vorzeitig)

Die subordinierende zusammengesetzte Konjunktion *kaum daß* hat temporale Bedeutung im Sinne der Vorzeitigkeit. Sie drückt aus, daß der NS-Sachverhalt zeitlich unmittelbar vor dem HS-Sachverhalt liegt. Temporalsätze mit *kaum daß* werden gewöhnlich nur mit Vergangenheitsbezug gebraucht. Bei einem punktuellen Verb im NS sind die Tempusformen in beiden Teilsätzen verschieden (im HS Präteritum, im NS Plusquamperfekt), bei einem durativen Verb im NS stimmen sie überein. Die Stellung des NS ist frei.

Kaum daß er angekommen war, wurde er auch schon wieder weggerufen.
Der Regen war, kaum daß er angefangen hatte, schon wieder vorüber.
Kaum daß die Mutter aus dem Haus war, begannen die Kinder zu streiten.

Sie begannen zu essen, kaum daß das Essen auf dem Tisch stand.

Anmerkungen:

1) Temporalsätze mit *kaum daß* unterscheiden sich von Temporalsätzen mit *sobald* und *sowie* dadurch, daß der Ausdruck der unmittelbaren Aufeinanderfolge mit der Sprecherbeurteilung verbunden sein kann, daß der HS-Sachverhalt zu früh eintritt. Diese im ersten Teil der Konjunktion angelegte besondere Bedeutung (*kaum* = fast nicht) wird häufig unterstützt durch eine Kombination der Partikeln *(auch) schon (wieder)* im HS. Man vgl.:

   Sobald / Sowie er sich hingelegt hatte, schlief er ein.

   Kaum daß er sich hingelegt hatte, klingelte (auch schon wieder) das Telefon.

2) Temporalsätze mit *kaum daß* stehen in einem konversen Verhältnis (von HS und NS) zu Temporalsätzen mit (nachzeitigem) *als* und Partikel *kaum* im HS:

   Kaum daß der letzte Ton verklungen war, setzte der Beifall ein.

   → Kaum war der letzte Ton verklungen (Der letzte Ton war kaum verklungen), als der Beifall einsetzte.

nachdem

temporal (vorzeitig)

Die subordinierende Konjunktion *nachdem* hat temporale Bedeutung im Sinne der Vorzeitigkeit. Sie drückt aus, daß der NS-Sachverhalt zeitlich vor dem HS-Sachverhalt liegt. Die Stellung des NS ist frei. Die Tempusformen in HS und NS sind entsprechend den allgemeinen Regeln für die Vorzeitigkeit verschieden (bei Vergangenheitsbezug im HS Präteritum und im NS Plusquamperfekt, bei dem selteneren Gegenwarts- und Zukunftsbezug im HS Präsens bzw. Futur I, im NS Perfekt).

Nachdem ich in der Stadt angekommen war, suchte ich mir zuerst ein Hotelzimmer.

Er ruhte sich, nachdem er trainiert hatte, eine halbe Stunde aus.

Nachdem nun der Rahmenvertrag unterschrieben (worden) ist, können wir zu den konkreten Festlegungen kommen.

Er wird die Stelle als Bereichsleiter übernehmen, nachdem er seine Dissertation verteidigt hat.

Anmerkungen:

1) Die Konjunktion *nachdem* ist nur bei Einmaligkeit eines Sachverhalts möglich, bei Wiederholung steht die Konjunktion *wenn*:

Wenn er gegessen hatte, machte er *immer* (/^{x}diesmal) einen ausgedehnten Spaziergang.

Nachdem er gegessen hatte, setzte er sich *diesmal* (/^{x}immer) sofort wieder an seinen Schreibtisch.

Bei Vergangenheitsbezug ist statt *nachdem* auch *als*, bei Zukunftsbezug auch *wenn* möglich, bei (aktuellem) Gegenwartsbezug steht nur *nachdem*.

einmalig, vergangen (= als)

Nachdem / Als der Schüler den Fehler gefunden hatte, meldete er sich.

einmalig, gegenwärtig (= –)

Nachdem tagelang die Sonne gar nicht hervorgekommen ist, sind heute plötzlich strahlend blauer Himmel und Sonnenschein.

einmalig, zukünftig (= wenn)

Nachdem / Wenn er seine Untersuchungen abgeschlossen hat, wird er die Ergebnisse in einer Fachzeitschrift veröffentlichen.

2) Da mit *nachdem* ein reines Vorher-Nachher-Verhältnis ausgedrückt wird, ist es möglich, den Zeitabstand zwischen dem NS- und dem HS-Sachverhalt durch lexikalische Zeitangaben zu quantifizieren:

Kurz nachdem er abgereist war, traf der ersehnte Brief ein.

Wenige Stunden nachdem der Unfall passiert war, verstarb der Schwerverletzte im Krankenhaus.

3) Wenn das Verhältnis von NS und HS ein bloßes Vorher-

Nachher ist und der NS-Sachverhalt nicht gleichzeitig die Voraussetzung für den späteren HS-Sachverhalt ist, können die beiden Sachverhalte auch in das umgekehrte Verhältnis der Nachzeitigkeit von NS zu HS gebracht werden. Der ursprüngliche HS erscheint dann als NS mit der Konjunktion *bevor.* Mit dieser Umkehrung verlagert sich das Schwergewicht der Aussage von dem späteren Sachverhalt auf den früheren Sachverhalt:

Nachdem sie das Kind in den Kindergarten gebracht hatte, ging sie zur Arbeit.
→ Bevor sie zur Arbeit ging, brachte sie das Kind in den Kindergarten.

Aber nicht (NS ist Voraussetzung für den HS):

Nachdem die Reisegruppe in der Stadt eingetroffen war, unternahm sie eine Stadtrundfahrt.
→ ˣBevor sie eine Stadtrundfahrt unternahm, war die Reisegruppe in der Stadt eingetroffen.

nicht nur ... sondern auch

kopulativ

Die koordinierende mehrteilige Konjunktion *nicht nur ... sondern auch* verbindet zwei HS, NS, SG oder SGteile. Sie hat kopulative Bedeutung: Sie gibt an, daß das durch den ersten Teil Benannte und das durch den zweiten Teil Benannte zugleich gelten.

Die kopulative Konjunktion *nicht nur ... sondern auch* unterscheidet sich in mehrfacher Hinsicht von der kopulativen Konjunktion *und*: Während mit dem schwachtonigen *und* eine bloße Anreihung erfolgt, wird mit *nicht nur ... sondern auch* nachdrücklich auf etwas hingewiesen, dem ein anderes betont angeschlossen wird, das die gleiche Geltung hat. Außerdem handelt es sich bei *nicht nur ... sondern auch* nicht um eine ‚Summierung' oder ‚Hinzufügung' wie bei *und* (vgl. dort), sondern die beiden Teile werden als selbständige und gleichwertige Einheiten gesehen. Ein syntaktischer Reflex dieser besonderen Bedeutung ist die Singularkongruenz zweier Subjekte:

> Der Professor *und* sein Mitarbeiter haben das Problem untersucht.
> → Der Professor und sein Mitarbeiter haben das Problem zusammen untersucht.
> → ?Der Professor und sein Mitarbeiter haben das Problem getrennt untersucht.
> *Nicht nur* der Professor, *sondern auch* sein Mitarbeiter hat das Problem untersucht.
> ↛ Der Professor und sein Mitarbeiter haben das Problem zusammen untersucht.
> → Der Professor und sein Mitarbeiter haben das Problem getrennt untersucht.

Die genannten Bedeutungsmerkmale der Hervorhebung und der Herausstellung der beiden verbundenen Teile als selbständige Einheiten hat die Konjunktion *nicht nur ... sondern auch* mit der Konjunktion *sowohl ... als/wie auch* gemeinsam. Mit einem weiteren Bedeutungsmerkmal, durch das sie sich von der Konjunktion *und* unterscheidet, unterscheidet sie sich gleichzeitig auch von dieser Konjunktion. Dieses Bedeutungsmerkmal besteht darin, daß mit *nicht nur ... sondern auch* die erwartete alleinige Geltung des vom ersten Teil Benannten aufgehoben und dahingehend korrigiert wird, daß das vom zweiten Teil Benannte als zusätzlich geltend erklärt wird. Mit dieser besonderen Bedeutung steht *nicht nur ... sondern auch* der adversativen Konjunktion *aber* nahe:

> Nicht nur wir waren begeistert, sondern auch alle anderen waren begeistert.
> → Wir waren begeistert, aber alle anderen waren auch begeistert.
> Er ist nicht nur ein guter Facharbeiter, sondern auch ein guter Sportler.
> → Er ist ein guter Facharbeiter, aber ein guter Sportler ist er auch.

Er hat nicht nur ein Hochschulstudium abgeschlossen, sondern er hat auch promoviert.
Nicht nur Kinder können Mumps bekommen, sondern auch Erwachsene können daran erkranken.
Er hat mir erzählt, daß er sie nicht nur angerufen hat, sondern daß er ihr auch einen langen Brief geschrieben hat.
Ich schätze ihn nicht nur, weil er ein guter Fachmann ist, sondern auch, weil er stets hilfsbereit ist.
Sie spricht nicht nur Französisch, sondern auch Englisch und Russisch.
Eine solche Meinung halte ich nicht nur für falsch, sondern auch für gefährlich.

Anmerkungen:

1) Wenn *nicht nur ... sondern auch* selbständige Sätze verbindet, wird *auch* von *sondern* getrennt und vor den hervorgehobenen zweiten Teil gestellt:

Ich habe nicht nur den Film gesehen, *sondern* ich habe *auch* das Drehbuch gelesen.
Er schreibt nicht nur täglich an sie, *sondern* er ruft sie *auch* jede Woche an.
Er ist mir nicht nur gefolgt, *sondern* er hat mich *auch* angesprochen.

Bei (verschiedenem) hervorgehobenem Subjekt sind die getrennte und die ungetrennte Stellung von *auch* möglich:

Nicht nur wir waren begeistert, *sondern auch* alle anderen haben sich über seinen Erfolg gefreut / *sondern* alle anderen haben sich *auch* über seinen Erfolg gefreut.
Nicht nur das Wetter war schön, *sondern auch* Unterkunft und Verpflegung waren sehr gut / *sondern* Unterkunft und Verpflegung waren *auch* sehr gut.

2) Mit *nicht nur ... sondern auch* werden in der Regel nur dann Sätze verbunden, wenn sie ein gemeinsames SG haben. Dieses gemeinsame SG ist im zweiten Teilsatz oft eliminiert:

Er ist nicht nur ein guter Facharbeiter, sondern (er ist) auch ein guter Sportler.

Nicht nur wir waren begeistert, sondern auch alle anderen (waren begeistert).

Vgl. dazu auch unter *sowohl ... als/wie auch* Anm. 1.

nur daß

nur daß

restriktiv

Die subordinierende zusammengesetzte Konjunktion *nur daß* hat restriktive Bedeutung. Sie drückt aus, daß der NS-Sachverhalt der Inhalt („Inhalt" im Sinne der „Inhaltssätze") des negierten HS-Sachverhalts ist. Man vgl. dazu die Paraphrase mit *aber* zum ersten Beispiel. Der HS-Sachverhalt stellt die Norm dar, die Negation wird vom Sprecher als Ausnahme angesehen.

Der NS ist immer Nachsatz.

Im Urlaub war es schön, nur daß es manchmal sehr heiß war.

→ Im Urlaub war es schön, aber es war nicht schön, daß es manchmal sehr heiß war.

Wir haben uns in allen wichtigen Punkten geeinigt, nur daß der Abgabetermin offen blieb.

Er benahm sich eigentlich wie immer, nur daß er ständig auf seine Uhr sah.

Wir haben uns schon oft zu einem gemeinsamen Theaterbesuch verabredet, nur daß jedes Mal etwas dazwischen kommt.

Anmerkung:

Die Konjunktion *nur daß* ist weitgehend synonym mit der Konjunktion *außer daß*. Ein Unterschied besteht darin, daß *nur daß* nur bei einem affirmativen HS-Sachverhalt möglich ist:

Es gibt keinen Ausweg, außer daß wir ihn um Hilfe bitten.

→ ˣEs gibt keinen Ausweg, nur daß wir ihn um Hilfe bitten.

SUBJEKT/OBJEKT/ATTRIBUT

Die subordinierende Konjunktion *ob* hat keine adverbiale Bedeutung, sondern eine grammatische (syntaktische) Funktion. Sie zeigt an, daß der NS Subjekt, Objekt oder Attribut eines Substantivs im HS ist. Der *ob*-Satz vertritt ein Subjekt/Objekt/Attribut nur, wenn diese SG einen Sachverhalt – und nicht eine Nicht-/Person – repräsentieren.
Die *Prädikatsausdrücke* (Vollverb oder Kopula-/Funktionsverb + Adjektiv/Substantiv), die einen *ob*-Satz als Subjekt oder Objekt haben können, sind von ihrer lexikalischen Bedeutung her begrenzt. In erster Linie handelt es sich um Verben/Adjektive/Substantive des Fragens, außerdem um solche des Wertens, Wissens und Wahrnehmens, vor allem mit Verneinung und/oder in Frageform. Die Korrelatsverhältnisse und die Stellung des *ob*-Satzes sind wie beim *daß*-Satz als Subjekt und Objekt. Man vgl. dort.
Die *Substantive*, bei denen ein *ob*-Satz als Attribut stehen kann, sind Nominalisierungen von Verben/Adjektiven der gleichen Bedeutungsgruppen, die einen *ob*-Satz als Objekt haben können.

Subjekt

Es fragt sich, ob er die Information überhaupt erhalten hat.
Ist (es) dir bekannt, ob die Vorlesung morgen stattfindet?
Ob alle mit dem Vorschlag einverstanden sind, (das) ist nicht wichtig.
Ob er wirklich arbeitet, ist mir ein Rätsel.

Objekt

Ich werde mich (danach) erkundigen, ob der Anzug schon fertig ist.
Weißt du (es), ob er seine Arbeit abgegeben hat?

Niemand hat (es) gesehen, ob er abgefahren ist.
Ich halte es für sehr wichtig, ob er dabeigewesen ist.

Attribut

Die Frage, ob er krank war, wurde nicht gestellt.
Die Ungewißheit, ob alle pünktlich kommen, macht ihn nervös.

Anmerkungen:

1) *ob*-Sätze können mit *daß*-Sätzen konkurrieren. Mit *daß* wird ausgedrückt, daß der gesagte (gewußte, gesehene usw.) Sachverhalt zutrifft, mit *ob* wird die Alternative bezeichnet, daß dieser gesagte (gewußte, gesehene usw.) Sachverhalt zutrifft oder nicht zutrifft. Vielfach liegt der Unterschied im Gegensatz zwischen Wissen und Nichtwissen des Sprechers: Bei *daß* weiß der Sprecher, ob der Sachverhalt, den die Subjektperson sagt (weiß, sieht usw.), zutrifft oder nicht, bei *ob* weiß der Sprecher dagegen nicht, ob dieser Sachverhalt zutrifft oder nicht.

   Er hat ihr gesagt, *daß* er es machen wird.
   Er hat ihr gesagt, *ob* er es machen wird.
   Sie weiß, *daß* er später kommt.
   Sie weiß, *ob* er später kommt.

2) *ob*-Sätze zu Frageausdrücken sind indirekte Entscheidungsfragen. Sie stehen im Gegensatz zu direkten Entscheidungsfragen, von denen sie sich außer durch die Konjunktion auch durch die Wortstellung, die Personenverschiebung und den fakultativen Konjunktivgebrauch unterscheiden.

   Ich habe ihn gefragt: „Hast du sie gesehen?"
   Ich habe ihn gefragt, ob er sie gesehen hat / habe.

Für die gesprochene Sprache sind *ob*-Sätze mit interrogativer Intonation charakteristisch, die um den HS reduziert sind. Es handelt sich dabei um eine vorsichtige oder höfliche Ausdrucksform für Wunsch/Bitte, Zweifel/Unsicherheit oder Meinungserfragung:

   Ob du mir mal dein Fahrrad leihst? (Bitte)
   Ob ich das wohl schaffe? (Zweifel)
   Ob wir ihm eine solche Unterkunft zumuten können? (Frage nach Meinung)

obgleich

konzessiv

vgl. *obwohl* Anm.

obschon

konzessiv

vgl. *obwohl* Anm.

ob … ob

alternativ-konzessiv

Die subordinierende Doppelkonjunktion *ob … ob* leitet jeweils zwei (selten mehr) NS unterschiedlichen Inhalts ein. Sie hat alternativ-konzessive Bedeutung: Sie gibt an, daß beide NS-Sachverhalte gleichermaßen gültig zur Auswahl gestellt werden („alternativ") und jeder der beiden NS-Sachverhalte einen objektiv naheliegenden und erwartbaren, aber nicht wirksam werdenden Grund für den HS-Sachverhalt darstellt („konzessiv": sog. Gegengrund oder irrelevante Voraussetzung). Die beiden NS sind dem HS immer vorangestellt. Das finite Verb des HS steht nicht – wie üblich nach einem NS – an erster, sondern – wie im einfachen Aussagesatz – an zweiter Stelle.

> Ob ich den Wagen nehme, ob ich mit dem Rad fahre, ich brauche mindestens eine Stunde zum Institut.

Ob ich das Essen selbst koche, ob ich es aus der Gaststätte hole, sie lehnt alles ab.

Ob Hans den ersten Teil neu schreibt, ob Peter ihn nur überarbeitet, das Manuskript muß in jedem Fall Ende des Monats bei der Redaktion sein.

Anmerkungen:

1) Die relative Selbständigkeit des HS wird in der geschriebenen Sprache oft zusätzlich durch einen Gedankenstrich, in der gesprochenen Sprache durch eine intonatorische Pause gekennzeichnet:

   Ob ich mit dem Rad fahre, ob ich zu Fuß gehe – ich brauche immer die gleiche Zeit.

2) Die konzessive Bedeutung der „irrelevanten Voraussetzung“ kann durch die Partikel *nun* im ersten NS verdeutlicht werden:

   Ob Sie *nun* mich bitten, ob Sie Ihre Freunde fragen – die Arbeit kann Ihnen niemand abnehmen.

3) Das alternative Verhältnis der beiden NS-Sachverhalte kann auch durch die koordinierende Konjunktion *oder* explizit zum Ausdruck gebracht werden. In diesem Fall kann das zweite *ob* fehlen:

   Ob es regnet oder (ob) die Sonne scheint – er macht seinen Spaziergang um den See.

   Die NS mit der Konjunktion *ob ... oder (ob)* können im Unterschied zu den NS mit *ob ... ob* auch als Nachsatz stehen:

   Er macht seinen täglichen Spaziergang, ob es regnet oder (ob) die Sonne scheint.

   Eine weitere Besonderheit der NS mit *ob ... oder (ob)* besteht darin, daß sich wiederholende SG erspart werden können:

   Ich brauche immer die gleiche Zeit, ob ich den Wagen nehme oder (ob ich) mit dem Rad fahre.

   Ob Hans (sich darum kümmert) oder (ob) Peter sich darum kümmert – das Manuskript muß am Monatsende abgeliefert werden.

konzessiv

Die subordinierende Konjunktion *obwohl* hat konzessive Bedeutung: Mit ihr wird der NS-Sachverhalt als ein objektiv naheliegender und erwartbarer Grund, der jedoch für den HS-Sachverhalt nicht wirksam wird, gekennzeichnet. Mit dem Konzessivsatz wird im Unterschied zum „wirklichen" Grund des Kausalsatzes und zum „möglichen" Grund des Konditionalsatzes ein „Gegengrund" zum Ausdruck gebracht (vgl. dazu auch unter *so daß* Anm.).
Die Stellung des NS ist frei. Wenn der NS Vordersatz ist, stehen im HS oft *so* (vor dem finiten Verb) und *doch/dennoch/trotzdem* (nach dem finiten Verb und dem Subjekt) zur Verstärkung des inhaltlichen Gegensatzes von HS und NS).

> Wir verloren das Spiel, obwohl wir uns gut vorbereitet hatten.
> Obwohl er schon über Siebzig ist, (so) arbeitet er (doch/dennoch/trotzdem) noch halbtags.
> Obwohl das Wetter nicht immer schön war, sind wir mit unserer Reise zufrieden.

Anmerkung:

In gleicher Bedeutung wie *obwohl* werden auch – mit abnehmender Häufigkeit – *obgleich, obschon* und *obzwar* verwendet. Umgangssprachlich kommt auch *trotzdem* (mit Betonung auf der zweiten Silbe) als subordinierende konzessive Konjunktion vor. Konzessive Bedeutung haben weiterhin (gehobenes) *wenngleich/-schon* und (veraltendes) *wiewohl*:

> Ich erkannte ihn nicht, *obgleich* ich ihn schon früher gesehen hatte.
> Er wollte lieber zu Fuß gehen, *obschon* es eine Busverbindung gab.
> Ich erzählte niemandem von der seltsamen Begegnung, *obzwar* die Versuchung keine geringe war. (St. Zweig)

Trotzdem er von Autos nicht viel versteht, weiß er sich immer zu helfen.

Biber halten keinen Winterschlaf, *wenngleich* sie in der kalten Jahreszeit recht ruhig werden. (B. Grzimek)

Es war eine mittelgroße Frau, noch jugendlich in der Haltung, *wennschon* etwa sechzig Jahre alt. (E. Strauß)

So gab man ihm bei den Verbrechern sein Grab, *wiewohl* er nie Gewalt geübt hatte. (H. Broch)

Wiewohl ich noch im Nachtanzuge war, eilte ich auf Kastor zu. (H. H. Jahnn)

Die Konjunktionen *wenngleich* und *wennschon* kommen auch mit getrenntem zweiten Wortteil vor:

Wenn er *gleich* selbst nicht sportlich ist, so begeistert er sich dennoch für Sportsendungen.

Wenn ich *schon* verloren habe, so hatte ich doch meine Freude am Spiel.

Zur konzessiven Konjunktion *wenn* vgl. unter *wenn* konzessiv.

obzwar

obzwar

konzessiv

vgl. *obwohl* Anm.

oder

oder

alternativ

Die koordinierende Konjunktion *oder* verbindet zwei HS, NS, SG oder SGteile. Sie hat alternative Bedeutung: Sie gibt an, daß das in den beiden Teilen Benannte in bezug auf den gegebenen Kontext zur Wahl gestellt ist. Es ist zwischen zwei Varianten zu unterscheiden:

Bei der *inklusiven oder*-Verknüpfung kennzeichnet die Konjunktion zwei gleichermaßen gültige Auswahleinheiten (die Bedeutungen der beiden Teile sind verträglich), bei der *exklusiven oder*-Verknüpfung kennzeichnet die Konjunktion einander ausschließende Alternativen (die Bedeutungen der beiden Teile sind unverträglich). Die inklusive (disjunktive) Bedeutung wird eindeutig durch die Partikel *auch* (nach *oder*) oder die Verbindung *und/oder*, die exklusive (kontravalente) Bedeutung wird präzisiert durch die Partikel *aber* (nach *oder*) oder die mehrteilige Konjunktion *entweder ... oder* (vgl. dort). Inklusive *oder*-Verknüpfungen sind gewöhnlich nicht Satz-, sondern nur SG-Verknüpfungen.
Wenn bei einer *oder*-Satzverknüpfung die Subjekte beider Teilsätze identisch sind, fehlt oft im zweiten Satz das Subjekt (und andere identische Glieder).

inklusiv

Du kannst ihm schreiben, oder du kannst ihn (auch) anrufen. (Du kannst ihm schreiben oder ihn (auch) anrufen.)
Ich lese gern Abenteuerromane oder (auch) Krimis.
Wir fahren morgen oder übermorgen, jedenfalls in den nächsten Tagen.
Lieber als Wurst esse ich rohen oder gekochten Schinken.

exklusiv

Du mußt (entweder) neue Reifen kaufen, oder wir können nicht in Urlaub fahren.
Er wußte nicht, ob er die Prüfung bestanden hatte oder ob er durchgefallen war. (..., ob er die Prüfung bestanden hatte oder durchgefallen war.)
Wir fahren heute oder (aber) morgen.
Zu dieser Hose paßt nur ein blaues oder ein schwarzes Jackett.

ohne daß/ ohne ... zu

privativ

Die subordinierende zusammengesetzte Konjunktion *ohne daß* und die mit ihr alternierende Infinitivkonjunktion *ohne ... zu* haben privative Bedeutung: Mit ihnen wird ausgedrückt, daß der zum HS-Sachverhalt im Verhältnis eines Begleitumstandes stehende NS/Inf.-Sachverhalt wider Erwarten nicht realisiert wird.

Der NS/Inf.-Sachverhalt kann gegenüber dem HS-Sachverhalt vor-, gleich- oder nachzeitig sein. Das unterschiedliche Zeitverhältnis wird oft durch die Tempusfolge (bei Vorzeitigkeit verschiedene Tempusformen, bei Gleich- und Nachzeitigkeit gleiche Tempusformen) und/oder durch temporale Adverbien im NS/Inf. (bei Vorzeitigkeit *vorher*, bei Gleichzeitigkeit *dabei* und bei Nachzeitigkeit *nachher/danach*) formal gekennzeichnet.

Die dem NS zugrunde liegende komitative Bedeutung („Begleitumstand") kann entsprechend dem Zeitverhältnis als kausal bzw. konditional (bei Vorzeitigkeit), als komitativ im engeren Sinne (bei Gleichzeitigkeit) oder als konsekutiv (bei Nachzeitigkeit) interpretiert werden. Aus diesen Bedeutungen ergibt sich durch die Negationskonjunktion *ohne* jeweils die privative Bedeutung.

Der NS/Inf. mit Vor- oder Gleichzeitigkeit ist in seiner Stellung frei, der NS/Inf. mit Nachzeitigkeit steht gewöhnlich nach dem NS.

Die Wahl zwischen NS und Inf. hängt vor allem von den Subjektsverhältnissen ab: Bei Nicht-Identität der Subjekte von HS und NS/Inf. ist nur NS möglich, bei Identität steht Inf.

Das finite Verb des NS steht gewöhnlich im Indikativ. Manchmal kommt auch mit gleicher Bedeutung der Konjunktiv vor (für Gegenwart Konj. Prät., für Vergangenheit Konj. Plusq.).

Sie half mir sofort, ohne daß ich sie darum gebeten hatte.
Er ist in die Heimat zurückgefahren, ohne daß wir uns noch einmal gesehen hätten.
Er geht für mehrere Jahre nach Ungarn, ohne (vorher) Ungarisch gelernt zu haben.
Ohne jemanden gefragt zu haben nahm er Platz.

Gleichzeitigkeit

Ohne daß es der Verkäufer bemerkte, verließ die Kundin das Geschäft.
Manchmal wird in *ohne daß*-Sätzen Konjunktiv statt Indikativ verwendet, ohne daß damit eine besondere Kommunikationsabsicht verbunden wäre.
Das Kind lief auf die Straße, ohne (dabei) auf den Verkehr zu achten.

Nachzeitigkeit

Er gibt sich viel Mühe, ohne daß es ihm bisher gedankt worden wäre.
Er arbeitete jahrelang an dem Buch, ohne daß er damit fertig wurde.
Ich mußte sehr viele Medikamente nehmen, ohne (nachher) irgendwelche Beschwerden zu verspüren.

Anmerkung:

Wenn der HS verneint ist, wird mit dem *ohne daß/ohne … zu*-Satzgefüge eine doppelte Verneinung im Sinne einer Bejahung ausgedrückt.
Eine solche Konstruktion gibt es gewöhnlich nur für sich ständig wiederholende Sachverhalte (a), bei einmaligen Sachverhalten steht die NS-Negation isoliert (b):

a) Er tut nie etwas, ohne an seinen Nutzen zu denken. (= Bei allem, was er tut, denkt er an seinen Nutzen.)
b) Er ging früh weg, jedoch nicht, ohne sich von

den Gastgebern verabschiedet zu haben. (= Er ging früh weg, aber erst, als er sich von den Gastgebern verabschiedet hatte.)

seit

seit

temporal (gleichzeitig)

temporal (vorzeitig)

vgl. *seitdem*

seitdem

seitdem

temporal (gleichzeitig)

Die subordinierende Konjunktion *seitdem* (seltener ohne Bedeutungsunterschied *seit*) hat temporale Bedeutung im Sinne der Gleichzeitigkeit. Sie kennzeichnet den NS-Sachverhalt als gleichzeitig mit dem HS-Sachverhalt von einem bestimmten Zeitpunkt der Vergangenheit bis zur Sprechergegenwart (zu den Unterschieden zu den ebenfalls eine Zeitdauer kennzeichnenden Konjunktionen *solange* und *während* vgl. dort). Das Prädikat des NS wird gewöhnlich von einem durativen Verb gebildet.
Die Stellung des NS ist frei. Bei voranstehendem NS kann der HS zusätzlich mit *seitdem* als Korrelat eingeleitet werden. Die Tempusformen in HS und NS stimmen überein (in der Regel nur Präsens (bei Gegenwartsbezug) oder Präteritum (bei Vergangenheitsbezug)).

Seitdem ich regelmäßig Sport treibe, (seitdem) fühle ich mich viel wohler.

Er ist Nichtraucher, seit ich ihn kenne.
Seitdem sein Freund in Berlin wohnte, sahen sie sich nur noch selten.
Sie ist ganz anders geworden, seitdem sie selbständig (geworden) ist.

temporal (vorzeitig)

Die subordinierende Konjunktion *seitdem* (auch: *seit*) hat temporale Bedeutung im Sinne der Vorzeitigkeit. Sie drückt aus, daß der NS-Sachverhalt den Anfangspunkt in der Vergangenheit für den bis zur Sprechergegenwart dauernden HS-Sachverhalt bildet. Das Prädikat des NS wird von einem punktuellen Verb gebildet.
Die Stellung des NS ist frei. Bei voranstehendem NS kann der HS zur Verstärkung mit *seitdem* als Korrelat eingeleitet werden. Die Tempusformen von HS und NS sind entsprechend den allgemeinen Regeln für Vorzeitigkeit verschieden (bei Gegenwartsbezug im HS Präsens und im NS Perfekt, bei – dem selteneren – Vergangenheitsbezug im HS Präteritum und im NS Plusquamperfekt).

Es ist sehr lange her, seitdem wir uns das letzte Mal gesehen haben.
Ich komme, seit das Semester begonnen hat, kaum noch zur Arbeit an meiner Dissertation.
Seitdem er den Unfall hatte (gehabt hat), (seitdem) fährt er nicht mehr Auto.
Seitdem die Uhr repariert (worden) ist, geht sie wieder ganz genau.
Seitdem seine Frau gestorben war, ging er zu niemandem mehr zu Besuch.

konzessiv

Die subordinierende Konjunktion *so* hat konzessive Bedeutung: Sie drückt aus, daß der NS-Sachverhalt den erwartbaren, aber für den HS-Sachverhalt nicht wirksam werdenden Grund („Gegengrund") bildet.
Die konzessive Bedeutung von *so*, die durch die stellungsvariable Partikel *auch* gestützt werden kann, ist nur bei einem NS mit Adjektiv/Adverb möglich. Mit dem Adjektiv/Adverb, das unmittelbar nach der Konjunktion steht, wird ein besonders hoher Grad (Maß) des „Gegengrundes" ausgedrückt. Damit unterscheiden sich konzessive *so*-Sätze von *obwohl*-Sätzen, bei denen der entsprechende Grad durch lexikalische Mittel (z. B. *sehr*) ausgedrückt werden muß.
Die Stellung des NS ist frei. Wenn der NS Vordersatz ist, steht das finite Verb des HS nicht – wie üblich nach einem NS – an erster, sondern an zweiter Stelle.

> So schön es bei euch (auch) ist, ich muß jetzt unbedingt gehen.
> ≃ Obwohl es bei euch sehr schön ist, muß ich jetzt unbedingt gehen.
> Ich kann dir das Geld nicht geben, so leid es mir (auch) tut.
> So schnell er (auch) fuhr, die Spitzengruppe war nicht mehr einzuholen.
> So sehr ihr (auch) die Arbeit gefiel, die Erziehung ihrer Kinder war ihr wichtiger.

Anmerkung:

Einige Adjektive werden mit der Konjunktion *so* zusammengeschrieben. Das betrifft vor allem *solange, sooft* und *soviel.* Wegen der Homonymie mit der temporalen bzw. restriktiven Bedeutung dieser Konjunktionen ist bei konzessiver Bedeutung die Partikel *auch* obligatorisch (vor allem bei nachgestelltem NS):

Solange die Fans auch klatschten und schrien, der Künstler kam nicht mehr vor den Vorhang.
Nie hat er etwas von seinen Kriegserlebnissen erzählt, sooft wir ihn auch baten.
Soviel Mühe er sich auch geben mag, zu mehr als einer ‚Vier' reicht es nicht.

komparativ

Die subordinierende Konjunktion *so* hat komparative Bedeutung in zwei Varianten:

1) Der NS ist Vordersatz, der HS wird mit einem korrelierenden *so* eingeleitet. Der Vergleich der beiden Sachverhalte zeigt das gleiche Maß zweier Eigenschaften, die durch je ein Adjektiv/Adverb (im Positiv) in HS und NS repräsentiert sind. Die beiden Adjektive/Adverbien, die in paralleler Anordnung unmittelbar nach der Konjunktion und dem Korrelat stehen, bezeichnen a) einen Gegensatz oder b) eine Ähnlichkeit (mit Partikel *auch* im HS):

   a) So schwer der Aufstieg auf den Berg gewesen war, so leicht und schnell ging der Abstieg vonstatten.
   So überzeugend er im ersten Moment wirkte, so unsicher zeigte er sich dann in seinen Urteilen.

   b) So anstrengend der Aufstieg auf den Berg gewesen war, so mühevoll war auch der Abstieg.
   So verschiedenartig das Sendeprogramm insgesamt gestaltet ist, so vielfältig sind auch die Unterhaltungssendungen.

2) Wenn es bei einem Vergleich um das gleiche Maß der Eigenschaft eines Sachverhalts geht, der in HS und NS verschieden (oder in einem Teilsatz nicht) modalisiert ist, kann die übliche – auch verkürzt mögliche – Konstruktion aus Korrelat *so* im HS und Konjunktion *wie* weiter zu einer Konstruktion mit Konjunktion *so* verkürzt werden:

Du kannst so lange bei uns bleiben, wie du (bei uns bleiben) willst.
→ Du kannst bei uns bleiben, so lange du willst.
Er lief so schnell, wie er (laufen) konnte.
→ Er lief, so schnell er konnte.

sobald

temporal (vorzeitig)

Die subordinierende Konjunktion *sobald* hat temporale Bedeutung im Sinne der Vorzeitigkeit: Sie drückt aus, daß der NS-Sachverhalt unmittelbar vor dem HS-Sachverhalt liegt.
Die Stellung des NS ist frei. Wenn der NS Vordersatz ist, kann der HS mit dem Korrelat *da* eingeleitet werden. Die Tempusformen in HS und NS stimmen zumeist überein, können aber auch verschieden sein (bei Gegenwarts- und Zukunftsbezug Präsens bzw. Futur I im HS und Perfekt im NS, bei Vergangenheitsbezug Präteritum im HS und Plusquamperfekt im NS). Verschiedene Tempusformen werden vor allem gebraucht, um die Abgeschlossenheit des NS-Sachverhalts zu betonen.

Gegenwart/Zukunft

Sobald man ihm den kleinen Finger gibt, nimmt er die ganze Hand.
Er wird uns Bescheid geben, sobald er genauere Informationen hat.
Sobald ich zu Hause angekommen bin, (da) rufe ich dich an.

Vergangenheit

Sobald sie uns sahen, (da) liefen sie davon.
Er verließ die Werkstatt, sobald er die Arbeit beendet hatte.

Sobald er um die Ecke gebogen war, verbarg er sich in einem Hausflur.

Anmerkung:

Die Bedeutung von *sobald* kann in manchen Fällen auch so interpretiert werden, daß der Zeitpunkt des Beginns des HS-Sachverhalts zusammenfällt mit einem Zeitpunkt, zu dem der NS-Sachverhalt besteht. In diesen Fällen müßte *sobald* als Konjunktion mit temporaler Bedeutung im Sinne der Gleichzeitigkeit klassifiziert werden.

so daß

konsekutiv

Die subordinierende zusammengesetzte Konjunktion *so daß* hat konsekutive Bedeutung. Mit ihr wird ausgedrückt, daß sich der NS-Sachverhalt als unbeabsichtigte, aber notwendige Folge aus dem HS-Sachverhalt ergibt. Der NS steht nach dem HS. Entsprechend dem Bezug auf den HS sind zwei Typen von Konsekutivsätzen zu unterscheiden:

1) Die Folge ergibt sich aus dem HS-Sachverhalt, der durch ein Verb allein oder durch ein Verb mit Adjektiv/Adverb/Substantiv repräsentiert ist. *so* ist unbetonter Teil der Konjunktion.

   Er hinkt, *so daß* er nur langsam laufen kann.
   Der Wein machte mich müde, *so daß* ich sofort einschlief.
   Das Kind hatte Fieber, *so daß* es im Bett bleiben mußte.

2) Die Folge ergibt sich aus dem besonderen Grad (Maß) des HS-Sachverhalts, der durch ein Adjektiv/Adverb/Substantiv repräsentiert ist. *so* steht als betontes Korrelat im HS vor dem Adjektiv/Adverb/

Substantiv (vor einem Substantiv auch in der Form *solch-*). Gelegentlich stehen statt *so* als Korrelat *derart* oder *dermaßen*.

> Er hinkt *so* stark, *daß* er nur langsam laufen kann.
> Der Wein machte mich *so/derart/dermaßen* müde, daß ich sofort einschlief.
> Das Kind hatte *so* ein/(ein) *solches* Fieber, *daß* es im Bett bleiben mußte.

Wenn sich der Grad (das Maß) eindeutig aus dem Kontext ergibt, kann das Adjektiv/Adverb und zuweilen auch *so* fehlen:

> Das Wetter war gestern *so* (schlecht), *daß* man nicht spazieren gehen konnte.
> Das Kind schrie (*so* (laut)), *daß* alle erschraken.

Typ 2 kann auch als modale Bedeutungsvariante der Konjunktion interpretiert werden.

Anmerkung:

Die dem Konsekutivsatz zugrunde liegende konsekutive Relation stellt – wie die finale Relation – die Umkehrung der allgemeinen Grund-Folge-Relation dar, wie sie im Kausalsatz (und im Konditional- und Konzessivsatz) gegeben ist. Während beim Kausalsatz im NS der „wirkliche" Grund (im Konditionalsatz die Bedingung als der „mögliche" Grund und im Konzessivsatz der „Gegengrund"), im HS die Folge ausgedrückt wird, wird umgekehrt beim Konsekutivsatz im NS die Folge – und zwar die unbeabsichtigte Folge im Unterschied zum Finalsatz, mit dem die beabsichtigte Folge bezeichnet wird – und im HS der Grund genannt.
Man vgl.:

> *Weil* er viel arbeitet (Grund), verdient er gut (Folge).
> *Wenn* er viel arbeitet (Bedingung), verdient er gut (Folge).
> *Obwohl* er nicht viel arbeitet (Gegengrund), verdient er gut (Folge).

Er arbeitet viel (Grund), *so daß* er gut verdient (unbeabsichtigte Folge).
Er arbeitet viel (Grund), *damit* er gut verdient (beabsichtigte Folge).

sofern

konditional

Die subordinierende Konjunktion *sofern* hat konditionale Bedeutung: Sie drückt aus, daß der NS-Sachverhalt die Bedingung für den HS-Sachverhalt ist.
sofern hat mit *falls* bestimmte semantische Merkmale (vor allem Eindeutigkeit und Beschränkung auf Potentialität, vgl. dazu unter *falls*) und syntaktische Merkmale (kein Korrelat, nur mit Indikativ) gemeinsam, durch die sich beide Konjunktionen von der konditionalen Variante der Konjunktion *wenn* unterscheiden.
sofern unterscheidet sich von *falls* dadurch, daß der NS-Sachverhalt eine notwendige und hinreichende Voraussetzung für den HS-Sachverhalt ist. Man vgl. die folgenden Beispiele:

a) *Falls* Hans kommt, gehen wir noch heute aus.
b) *Sofern* Hans kommt, gehen wir noch heute aus.

Während man aus a) nicht unbedingt schließen kann, daß nicht ausgegangen wird, wenn Hans nicht kommt, muß man b) so verstehen, daß nur ausgegangen wird, wenn Hans dabei ist. Mit dieser Bedeutung steht *sofern* den restriktiven Konjunktionen nahe.
Die Stellung des NS ist frei. Der Normalmodus ist der Indikativ.

Er will am Institut bleiben, sofern er die Stelle als Oberassistent erhält.

Sofern Sie Wert darauf legen, komme ich im dunklen Anzug.
Sofern mir mein Vater das Geld schickt, kann ich meine Schulden bezahlen.

solange

temporal (gleichzeitig)

Die subordinierende Konjunktion *solange* hat temporale Bedeutung im Sinne der Gleichzeitigkeit. Sie gibt entsprechend ihrem Wortsinn („so lange (wie)") an, daß der NS-Sachverhalt genau die gleiche Dauer hat wie der HS-Sachverhalt. Die Konjunktion *solange* steht mit dieser Bedeutung im Gegensatz zu anderen Konjunktionen der Gleichzeitigkeit, die entweder den Zeitpunkt des HS-Sachverhalts (wie z. B. *als, wenn, sobald* u. a.), den Zeitraum als Rahmen und Begrenzung (wie *während*) oder Anfangs- und Endpunkt auf einer bestimmten Zeitstufe (wie *seitdem*) kennzeichnen. Die Stellung des NS ist frei. Die Tempusformen von HS und NS stimmen überein.

Solange das Kind Fieber hat, muß es im Bett bleiben.
Solange ich den Kindern Märchen vorlas, waren sie ruhig.
Er gönnte sich keine Ruhe, solange er an dem Buch schrieb.

Anmerkungen:

1) Wenn der NS Vordersatz ist, kann im HS *solange* als satzeinleitendes Korrelat zur Verstärkung wiederholt werden:
   Solange ich ihn kenne, (solange) arbeitet er in diesem Betrieb.
2) Umgangssprachlich kommt *solange* auch als zusammengesetzte Konjunktion mit *wie* als zweitem Element vor:

Solange wie du Fieber hast, mußt du im Bett bleiben.

Meinetwegen kannst du hier bleiben, solange wie du willst.

Bei nachgestelltem NS kann mit gleicher Bedeutung *solange* als Korrelat im HS und *wie* als subordinierende Konjunktion des NS erscheinen. Dieser Gebrauch ist normalsprachlich.

Du mußt solange im Bett bleiben, wie du Fieber hast.

3) Im verneinten Satzgefüge kann *solange* einen NS mit einem punktuellen Verb einleiten, mit dem eine unmittelbare Vorzeitigkeit ausgedrückt wird (paraphrasierbar mit *erst dann ..., als/wenn* ohne Verneinung). HS und NS haben zumeist verschiedene Tempusformen. Der NS ist häufig Vordersatz.

Der Sohn durfte nicht fernsehen, solange er nicht seine Schulaufgaben gemacht hatte.

→ Der Sohn durfte erst dann fernsehen, als er seine Schulaufgaben gemacht hatte.

Solange seine Beteiligung nicht geklärt (worden) ist, kommen wir bei dem Fall nicht weiter.

→ Erst dann, wenn seine Beteiligung geklärt (worden) ist, kommen wir bei dem Fall weiter.

Sätze dieser Art werden auch als Temporalsätze mit konditionaler Nebenbedeutung interpretiert.

4) NS mit *solange*, die mit einem durativen Verb die genaue Dauer des HS-Sachverhalts bezeichnen, stehen in einem komplementären Verhältnis zu NS mit (nachzeitigem) *bis*, die mit einem entsprechenden punktuellen Verb den genauen Endpunkt des HS-Sachverhalts bezeichnen:

Ich wartete unter einem Baum, solange der Regen dauerte.

Ich wartete unter einem Baum, bis der Regen aufhörte.

Er stand am Fenster, solange der Zug hielt.

Er stand am Fenster, bis der Zug abfuhr.

5) *solange* kommt gelegentlich auch ohne *-e* (d. i. das Endungs-*e* des zugrunde liegenden Adjektivs) vor:

Das Leben hat die Tendenz zum Weitergehen, solang es eben geht. (K. Mann)

6) *solange* in Verbindung mit der stellungsvariablen Partikel *auch* hat konzessive Bedeutung. Man vgl. dazu unter *so*.

sondern

adversativ

Die koordinierende Konjunktion *sondern* verbindet zwei satzwertige Teile in Form von Sätzen (HS oder NS), SG oder SGteilen. Sie hat adversative Bedeutung: Der durch *sondern* eingeleitete zweite Teil bildet den Gegensatz zum ersten Teil im Sinne einer Korrektur. Der erste Teil ist durch Betonung gekennzeichnet und immer verneint.

> Er kaufte sich für den Lottogewinn kein Auto, sondern machte mehrere Auslandsreisen.
> Ich habe gehört, daß Professor Schulz nicht zu uns kommt, sondern (daß er) den Lehrstuhl in Jena übernimmt.
> Wir gingen nicht ins Schauspielhaus, sondern in die Oper.
> Sie fährt am liebsten nicht mit dem neuen, sondern mit dem alten Fahrrad.

Anmerkungen:

1) Die Konjunktion *sondern* konkurriert mit der Konjunktion *aber.* Im Unterschied zu *aber* setzt *sondern* eine syntaktische (d. h. nicht lexikalisch inkorporierte) Negation im vorangehenden Teil voraus und wird nur bei einem direkten Gegensatz verwendet:

> Diese Ansicht ist nicht *beweisbar, sondern* eine Glaubenssache.
> → ˣDiese Ansicht ist *un*beweisbar, *sondern* eine Glaubenssache.
> → ˣDiese Ansicht ist eine Glaubenssache, *sondern* nicht beweisbar.
> → ˣDiese Ansicht ist *nicht* beweisbar, *aber* eine Glaubenssache.

Werden jedoch neben dem Gegensatz bestimmte Gemeinsamkeiten ausgedrückt, kann *sondern* oder *aber* stehen:

> Er fährt nicht mit dem Auto, sondern (aber) mit der Straßenbahn. (gemeinsam: fahren)

Er ist nicht in der Wohnung, sondern (aber) im Keller. (gemeinsam: Haus)

Während *aber* die semantische Funktion der Verneinung eines erwarteten Sachverhalts hat, hat *sondern* die pragmatische Funktion des Korrigierens bzw. Bestreitens: Der erste Sachverhalt wird als falsch (ungültig), der zweite Sachverhalt als richtig (gültig) bewertet, der erste Sachverhalt folglich durch den zweiten korrigiert. Deshalb ist *sondern* nach einem verneinten ersten Teil nicht möglich, wenn der zweite Sachverhalt nicht als Korrektur anzusehen ist, weil entweder Indikatoren mit konzessiv-einschränkender Funktion (Partikel *zwar* im ersten Teil, *wenigstens, doch, immerhin* im zweiten Teil) oder mit anderer kommunikativer Funktion (z. B. *ja, schon, wohl*) vorhanden sind oder weil eine Inklusionsbeziehung besteht (durch die eingeräumt wird, daß der erste Sachverhalt nicht völlig falsch ist):

Sie ist zwar nicht klug, *aber* (wenigstens) fleißig.
→ ˣSie ist zwar nicht klug, *sondern* (wenigstens) fleißig.
Peter war nicht anwesend, *aber* Inge war ja (wohl) anwesend.
→ ˣPeter war nicht anwesend, *sondern* Inge war ja (wohl) anwesend.
Es ist keine Katze, *aber* ein Tier.
→ ˣEs ist keine Katze, *sondern* ein Tier.

Umgekehrt ist *aber* nach einem verneinten ersten Teil nicht möglich, wenn Indikatoren für eine korrigierende Funktion (z. B. Partikeln wie *eher, vielmehr*) vorhanden sind oder wenn zwischen den kontrastierenden Einheiten ein antonymisches oder hyponymisches Verhältnis besteht:

Sie ist nicht unbegabt, *sondern* eher (vielmehr) unwillig.
→ ˣSie ist nicht unbegabt, *aber* eher (vielmehr) unwillig.
Sie ist nicht groß, *sondern* klein.
→ ˣSie ist nicht groß, *aber* klein.
Es regnet nicht, *sondern* es gießt.
→ ˣEs regnet nicht, *aber* es gießt.

2) Die von der Konjunktion *sondern* ausgedrückte Bedeutung des gegenseitigen Ausschlusses zweier Sachverhalte wird gelegentlich und mit gewisser Berechtigung nicht mit dem Terminus „adversativ“, sondern mit dem Terminus „substitutiv“ bezeichnet.

sooft

temporal (gleichzeitig)

Die subordinierende Konjunktion *sooft* hat temporale Bedeutung im Sinne der Gleichzeitigkeit. Sie gibt entsprechend ihrem Wortsinn („so oft (wie)") an, daß die vielfach wiederholten Sachverhalte von NS und HS zum je gleichen Zeitpunkt eintreten.
Die Stellung des NS ist frei. Wenn der NS Vordersatz ist, kann im HS *sooft* als satzeinleitendes Korrelat zur Verstärkung wiederholt werden. Die Tempusformen in HS und NS sind gleich.

Sooft er uns besucht, bringt er Blumen mit.
Er grüßt mich freundlich, sooft wir uns treffen.
Sooft er vom Schwimmen kam, (sooft) war er erkältet.

Anmerkungen:

1) Gleichzeitigkeit kann bei *sooft* a) einen Zeitpunkt oder b) eine Zeitdauer betreffen:
   a) Sooft er nach Hause kam, freuten sich die Kinder.
   b) Sooft er zu Hause war, freuten sich die Kinder.
   Die NS mit Angabe eines Zeitpunktes werden auch als Temporalsätze der Vorzeitigkeit interpretiert.
2) *sooft* in Verbindung mit der stellungsvariablen Partikel *auch* hat konzessive Bedeutung. Man vgl. dazu unter *so.*

soviel

soviel

restriktiv

Die subordinierende Konjunktion *soviel* hat restriktive Bedeutung. In Verbindung mit einem Prädikatausdruck des Wissens im NS drückt sie gemäß ihrem Wortsinn („so viel (wie)") aus, daß die Geltung des HS-Sachverhalts subjektiv eingeschränkt ist. Subjektperson des NS ist oft der Sprecher (1. Pers. Sing.). Der NS ist häufig Vordersatz.

Soviel ich weiß, kommt er heute nicht mehr ins Institut.
Soviel ich gehört habe, sind die beiden noch nicht geschieden.
Es handelt sich um einen Unfall, soviel bis jetzt bekannt ist.
Soviel ich mich erinnere, wurde über das Projekt eines Lernerwörterbuchs schon einmal diskutiert.

Anmerkungen:

1) *soviel*-Sätze stehen zu referierenden *wie*-Sätzen im Verhältnis der Teilsynonymie. Sie unterscheiden sich von diesen dadurch, daß sie nur mit Verben bzw. verbalen Ausdrücken des Wissens möglich sind und die Bedeutung der subjektiven Einschränkung mit restriktivem *soviel* deutlicher ist als mit referierendem *wie*.
Zur Synonymie von *soviel* und *soweit* vgl. unter *soweit Anm. 1)*.
2) *soviel* in Verbindung mit der stellungsvariablen Partikel *auch* hat konzessive Bedeutung. Man vgl. dazu unter *so*.

soweit

restriktiv

Die subordinierende Konjunktion *soweit* hat restriktive Bedeutung. In Verbindung mit einem Prädikatausdruck des Wissens im NS drückt sie aus, daß die Geltung des HS-Sachverhalts subjektiv eingeschränkt ist. Subjektperson des NS ist oft der Sprecher (1. Pers. Sing.). Der NS ist häufig Vordersatz.

Soweit ich unterrichtet bin, findet der Sommerkurs dieses Jahr im August statt.
Soweit bisher bekannt wurde, war die Ursache des Zugunglücks menschliches Versagen.
Von den Angestellten ist, soweit ich sehe, niemand mehr im Haus.
Soweit ich es beurteilen kann, ist die Dissertation in theoretischer Hinsicht ausgezeichnet.

Anmerkungen:

1) Die Konjunktion *soweit* ist weitgehend mit der Konjunktion *soviel* synonym. Ob im aktualen Satz *soweit* oder *soviel* gebraucht wird, hängt vor allem vom NS-Verb ab. Bei einigen Verben sind beide Konjunktionen möglich, bei anderen jeweils nur eine:

   Soviel / Soweit ich sehe, ...
   Soviel / Soweit bisher bekannt ist / wurde, ...
   Soviel / (x)Soweit ich weiß, ...
   (x)Soviel / Soweit ich mich erinnere, ...
   xSoviel / Soweit ich es beurteilen kann, ...

2) Gelegentlich steht die Konjunktion *soweit* nicht in Verbindung mit einem Verb des Wissens. In diesen Fällen handelt es sich nicht um eine subjektiv bedingte, sondern um eine konditional bedingte Restriktion des HS-Sachverhalts (wie bei *insofern* und *insoweit*, vgl. dort).

   Alle Mitarbeiter, soweit sie nicht krank waren, nahmen an der Feier teil.
   Soweit ich dazu in der Lage bin, helfe ich dir gern bei der Abfassung der Rede.
   Die Prinzessin fördert die Künste, soweit sie zartsinnig sind. (Th. Mann)

sowie

sowie

kopulativ

Die koordinierende Konjunktion *sowie* schließt in kopulativer Bedeutung ein SG an. Sie entspricht semantisch der Konjunktion *und* und ersetzt diese gelegentlich in Aufzählungen, besonders wenn der Sprecher etwas nachtragen oder ergänzen will (= *und auch, und außerdem*).

Das Titelblatt sowie die beiden ersten Blätter des Buches waren beschädigt.
Äpfel, Birnen, Apfelsinen sowie Nüsse und Mandeln gehören zum Obstsalat.
Er hat Romane, Novellen und Erzählungen sowie einige Hörspiele geschrieben.

temporal (vorzeitig)

Die subordinierende Konjunktion *sowie* hat temporale Bedeutung im Sinne der Vorzeitigkeit. Sie stimmt in syntaktischer und semantischer Hinsicht mit der Konjunktion *sobald* überein. Man vergleiche die dortige Beschreibung der folgenden Beispiele:

Sowie/Sobald man ihm den kleinen Finger gibt, nimmt er die ganze Hand.
Sowie/Sobald sie uns sahen, liefen sie davon.

sowohl ... als/wie auch

kopulativ

Die koordinierende mehrteilige Konjunktion *sowohl ... als/wie auch* verbindet zwei SG, SGteile und in beschränktem Maße auch Sätze. Sie hat kopulative Bedeutung: Sie gibt an, daß das durch den ersten Teil Benannte und das durch den zweiten Teil Benannte zugleich gelten.
Die kopulative Konjunktion *sowohl ... als/wie auch* unterscheidet sich von der kopulativen Konjunktion *und* in zweifacher Hinsicht: Während mit dem schwachto-

nigen *und* eine bloße Anreihung erfolgt, wird mit *sowohl … als/wie auch* nachdrücklich auf etwas hingewiesen, dem ein anderes betont angeschlossen wird. Außerdem handelt es sich bei *sowohl … als/wie auch* nicht um eine ‚Summierung' oder ‚Hinzufügung' wie bei *und* (vgl. dort), sondern die beiden Teile werden als selbständige und gleichwertige Einheiten gesehen. Ein syntaktischer Reflex dieser besonderen Bedeutung von *sowohl … als/wie auch* ist die gelegentliche Singularkongruenz zweier Subjekte. Man vgl.:

> Der Professor *und* sein Mitarbeiter haben das Problem untersucht.
> → Der Professor und sein Mitarbeiter haben das Problem zusammen untersucht.
> → ?Der Professor und sein Mitarbeiter haben das Problem getrennt untersucht.
> *Sowohl* der Professor *als auch* sein Mitarbeiter haben (auch: hat) das Problem untersucht.
> ↛ Der Professor und sein Mitarbeiter haben das Problem zusammen untersucht.
> → Der Professor und sein Mitarbeiter haben das Problem getrennt untersucht.

Weitere Beispiele:

> Sowohl er wie auch seine Frau gehen (auch: geht) gern ins Theater.
> Ich habe sowohl den Film gesehen, als auch das Buch gelesen.
> Sie spricht sowohl Englisch als auch Französisch.
> Seine Arbeiten sind sowohl wissenschaftlich anspruchsvoll als auch verständlich geschrieben.
> Das ist ein sowohl nützliches wie (auch) formschönes Gerät.

Anmerkungen:

1) Mit der Konjunktion *sowohl … als/wie auch* lassen sich nur dann Sätze verbinden, wenn diese mindestens ein SG

gemeinsam haben, das im zweiten Teilsatz getilgt ist (sog. zusammengezogener Satz):

ˣIch habe sowohl den Film gesehen, als auch habe ich (ich habe) das Buch gelesen.
→ Ich habe sowohl den Film gesehen, als auch das Buch gelesen.

Die Konjunktion *sowohl ... als/wie auch* unterscheidet sich in dieser Hinsicht von den kopulativen mehrteiligen Konjunktionen *weder ... noch* und *nicht nur ... sondern auch*, bei denen – mit unterschiedlicher Stellung des finiten Verbs – ein vollständiger zweiter Teilsatz möglich ist:

Ich habe weder den Film gesehen, noch habe ich das Buch gelesen. (neben: Ich habe weder den Film gesehen, noch das Buch gelesen.)
Ich habe nicht nur den Film gesehen, sondern ich habe auch das Buch gelesen. (neben: Ich habe nicht nur den Film gesehen, sondern auch das Buch gelesen.)

2) Bei Aufzählungen – kopulativen Verbindungen von mehr als zwei Teilen – werden der dritte und weitere Teile mit *und* oder ohne Konjunktion (graphisch mit Komma) angeschlossen:

sowohl der Vater und die Mutter als auch die Kinder und die sonstigen Angehörigen
sowohl die arbeitsfähigen Männer als auch die Frauen, Kinder und Greise

3) Bei Verneinung kopulativ verbundener betonter selbständiger Teile steht die Konjunktion *weder ... noch*. Vgl. dort.

Zum Bedeutungsunterschied zwischen den kopulativen Konjunktionen *sowohl ... als/wie auch* und *nicht nur ... sondern auch* vgl. dort.

statt

statt

substitutiv

vgl. *anstatt*

statt daß /statt ... zu

statt daß/statt ... zu

substitutiv

vgl. *anstatt daß/anstatt ... zu*

trotzdem

trotzdem

konzessiv

vgl. *obwohl* Anm.

um so mehr/ weniger als

um so mehr/weniger als

kausal

Die subordinierende zusammengesetzte Konjunktion *um so mehr/weniger als* hat kausale Bedeutung. Mit ihr wird zu einem im Kontext – gewöhnlich implizit – enthaltenen Grund für den Sachverhalt im HS ein zusätzlicher, zweiter Grund genannt, der als ausschlaggebend angesehen wird. Die Komparative *mehr* und *weniger* treten alternativ entsprechend der Aussage des HS auf: Bei einer positiven Aussage steht *mehr*, bei einer negativen Aussage (bzw. Aussagen mit einschränkenden Adverbien wie *kaum, schwerlich, selten* u. a.) steht *weniger*. Der NS ist immer Nachsatz.

um so mehr als

> Sie hat es als alleinstehende Frau mit zwei kleinen Kindern sehr schwer, um so mehr als sie oft krank ist.

Er geht oft ins Kino, um so mehr als er zu Hause keinen Fernseher hat.

um so weniger als

Ich esse keine Pilze, um so weniger als ich giftige von ungiftigen nicht unterscheiden kann.
Ich kann meinem Nachbarn die Bitte schwerlich abschlagen, um so weniger als er immer sehr gefällig ist.
Sein Vater kommt kaum noch in die Stadt, um so weniger als die Busse so unregelmäßig verkehren.

Zu *um so mehr/weniger* als Korrelat zur Konjunktion *als* vgl. unter *als kausal.*

Anmerkung:

Die kausale Konjunktion *um so mehr/weniger als* unterscheidet sich von der kausalen Konjunktion *weil* außer in der Bedeutung („zusätzlicher, zweiter Grund") auch dadurch, daß der NS-Sachverhalt im Gegensatz zum *weil*-Satz-Sachverhalt nicht erfragt oder negiert oder sonst irgendwie (bezüglich seiner Gültigkeit) bewertet werden kann:

Er ist mit seiner Arbeit unzufrieden, weil/um so mehr als er wenig verdient.
→ Er ist mit seiner Arbeit unzufrieden, nicht weil/ ˣnicht um so mehr als er wenig verdient, sondern ...
→ Er ist mit seiner Arbeit unzufrieden, wahrscheinlich weil/ˣwahrscheinlich um so mehr als er wenig verdient.

um ... zu

final

Die Infinitivkonjunktion *um ... zu* hat finale Bedeutung. Sie bringt zum Ausdruck, daß der vom Inf. bezeichnete Sachverhalt die Absicht (den Zweck, das Ziel) des HS-Sachverhalts darstellt. Der finale Inf. mit *um ... zu* alterniert mit dem NS mit der Konjunktion *damit*:

> Der Schüler rennt, damit er die Straßenbahn erreicht.
> → Der Schüler rennt, um die Straßenbahn zu erreichen.

Vgl. genauer unter *damit/um ... zu*

irreal-konsekutiv

Die Infinitivkonjunktion *um ... zu* hat irreal-konsekutive Bedeutung und drückt aus, daß aufgrund eines im HS angegebenen Übermaßes *(zu)* oder zu geringen Maßes *(nicht ... genug)* der NS-Sachverhalt als Folge nicht realisiert werden kann. Der irreal-konsekutive Inf. mit *um ... zu* alterniert mit dem NS mit der Konjunktion *als daß*:

> Er ist zu jung, als daß er alles verstehen könnte.
> → Er ist zu jung, um alles zu verstehen.
> Er ist nicht alt genug, als daß er alles verstehen könnte.
> → Er ist nicht alt genug, um alles zu verstehen.

Vgl. genauer unter *als daß/um ... zu*

konsekutiv

Die Infinitivkonjunktion *um ... zu* hat konsekutive Bedeutung. Mit ihr wird zum Ausdruck gebracht, daß sich der NS-Sachverhalt als Folge aus dem im HS angegebenen notwendigen Maß (markiert mit *genug*) ergibt. Der konsekutive Inf. mit *um ... zu* alterniert mit dem NS mit der Konjunktion *daß*:

Er war klug genug, daß er seinen Fehler zugab.
→ Er war klug genug, um seinen Fehler zuzugeben.

Vgl. genauer unter *daß/um ... zu*

kopulativ

Die Infinitivkonjunktion *um ... zu* hat gelegentlich auch kopulative Bedeutung: Sie drückt ein bloßes Nacheinander zweier Sachverhalte aus. Der Inf. entspricht einem mit der koordinierenden Konjunktion *und* angeschlossenen Satz. Voraussetzung für den Gebrauch dieser Variante ist, daß das Subjekt des Inf. mit dem Subjekt des HS identisch ist und die beiden – oft unmittelbar aufeinander folgenden – Sachverhalte in einem inneren Gegensatz stehen:

Er betrat das Lokal(,) und (er) verließ es nach kurzer Zeit wieder.
→ Er betrat das Lokal, um es nach kurzer Zeit wieder zu verlassen.
Sie hörte von verschiedenen Krankheiten, um sie sogleich bei sich festzustellen.
Der Fluß ist bis Mitte der Woche stark gestiegen, um dann rasch wieder zu fallen.

Anmerkung:

Das kopulative *um ... zu* kann als finales *um ... zu* mißverstanden werden, weshalb manchmal vor seinem Gebrauch gewarnt wird. Es findet sich aber auch in der Literatursprache:

Denn das Kind, ein kleines Mädchen, sollte nur ins Leben treten, um nach einer armen Viertelstunde ... dem Dasein schon nicht mehr anzugehören. (Th. Mann)

und

kopulativ

Die koordinierende Konjunktion *und* verbindet zwei HS, NS, SG oder SGteile. Sie hat kopulative Bedeutung: Sie gibt an, daß das durch den ersten Teil Benannte und das durch den zweiten Teil Benannte zugleich gelten. Kontextsemantisch ist zwischen den Bedeutungsvarianten ‚Summierung' (z.B. *die Natur achten und schützen*) und ‚Hinzufügung' (bzw. ‚Ergänzung', vgl. *sich unterhalten und (dabei) rauchen*) zu unterscheiden.

> Die Sonne schien, und die Vögel zwitscherten.
> Ich bat ihn, pünktlich zu sein und die Bücher nicht zu vergessen.
> Sie und ihre Freundin wohnten während des Kongresses im Hotel.
> Stiefmütterchen sind anspruchslose und frostbeständige Zierpflanzen.

Anmerkungen:

1) Bei Aufzählungen – kopulativen Verbindungen von *mehr als zwei* Teilen – steht *und* gewöhnlich nur zwischen dem vorletzten und dem letzten Teil:

> Er hat Geschichte, Germanistik, Soziologie und Philosophie studiert.

Bei Hervorhebung kann *und* vor jedem Teil stehen:

> Ihr Arm war zugleich zart und voll und kühl (Th. Mann)

2) Abhängig vom Wissen über die Art der Beziehung, die zwischen dem vom ersten Teilsatz benannten Sachverhalt und dem vom zweiten Teilsatz benannten Sachverhalt bestehen kann, kann die *und*-Satzverbindung über die kopulative Beziehung hinaus auch als adversativ, alternativ, temporal oder konsekutiv interpretiert werden.

adversativ

> Ihr vergnügt euch, und ich muß arbeiten.
> ← Ihr vergnügt euch, aber ich muß arbeiten.

Er weiß die Wahrheit(,) und (er) sagt sie nicht.
← Er weiß die Wahrheit, aber er sagt sie nicht.

alternativ

Er darf kommen und gehen, wie er will.
← Er darf kommen oder gehen, wie er will.

temporal (gleichzeitig)

Ich hörte Musik, und meine Freundin blätterte in einem Buch.
← Ich hörte Musik, während meine Freundin in einem Buch blätterte.

konsekutiv

Die Schleuse wurde geöffnet, und das Schiff konnte weiterfahren.
← Die Schleuse wurde geöffnet, so daß das Schiff weiterfahren konnte.

3) Abhängig vom Wissen über die Art der Beziehung zwischen den Sachverhalten der beiden Teilsätze und beschränkt auf bestimmte syntaktische Formen, kann der mit *und* eingeleitete Satz eine konzessive, konditionale oder Objektsrelation bezeichnen.

konzessiv

Man muß es versuchen, und wäre es noch so schwierig.
← Man muß es versuchen, wäre es auch noch so schwierig / wenn es auch noch so schwierig wäre.
Ich gehe jetzt, und wenn es noch so regnet.
← Ich gehe jetzt, auch wenn es noch so regnet.

konditional

Geh nach Hause, und du wirst sehen, daß du Besuch hast.
← Wenn du nach Hause gehst, wirst du sehen, daß du Besuch hast.
Hilf mir bei meiner Arbeit, und ich helfe dir bei deiner Arbeit.
← Wenn du mir bei meiner Arbeit hilfst, helfe ich dir bei deiner Arbeit.

Objekt

Es fehlte nicht viel, und ich hätte einen Unfall verursacht.
← Es fehlte nicht viel, daß ich einen Unfall verursacht hätte.
Er ist imstande und läßt uns eine Stunde warten.
← Er ist imstande, uns eine Stunde warten zu lassen.

4) Die Konjunktion *und* verbindet Wortwiederholungen (bei Adjektiven häufig die Komparativformen) zum Ausdruck einer Steigerung (Komparation mit lexikalischen Mitteln):

Um uns sahen wir nur Wasser und Wasser.
Er lief schnell und schneller.
Der Weg wurde steiler und steiler.
Er will und will es nicht begreifen.

5) Ein mit *und* angeschlossenes SG kann zum Zwecke der Hervorhebung ausgerahmt werden:

Ihre Augen gefallen mir sehr und ihr charmantes Lächeln.
Ich möchte dich wieder gesund sehen und glücklich.

6) Die Konjunktion *und* kann satzeinleitend – ohne ersten Teil – in Gedichten, Liedern, Buchtiteln u.ä. stehen:

Und der Haifisch, der hat Zähne (B. Brecht)
Und sagte kein einziges Wort (H. Böll)

während

während

temporal (gleichzeitig)

Die subordinierende Konjunktion *während* hat temporale Bedeutung im Sinne der Gleichzeitigkeit. Mit ihr wird ausgedrückt, daß die Sachverhalte von HS und NS im gleichen Zeitraum liegen (im Unterschied zu anderen Konjunktionen der Gleichzeitigkeit – wie *als, wenn, sooft* –, mit denen der Zeitpunkt des HS-Sachverhalts gekennzeichnet wird). Vielfach ist eine etwa gleiche Dauer für beide Sachverhalte anzunehmen (aber ohne genaue Festlegung des Anfangs- und Endpunktes wie bei *solange* und *seit(dem)*), der Sachverhalt des HS kann aber auch zu einem oder verschiedenen Zeitpunkten innerhalb des im NS angegebenen Zeitraums liegen. Die Stellung des NS ist frei. Die Tempusformen von HS und NS stimmen überein.

Während es regnete, saßen wir in einer Gaststätte.
Ich habe, während ich in Polen war, etwas Polnisch gelernt.
Während er das Geschirr abwusch, schälte sie Kartoffeln.
Während ich in Berlin studierte, ging ich oft ins Theater.
Der Vorfall ereignete sich, während ich verreist war.

adversativ

Die subordinierende Konjunktion *während* hat adversative Bedeutung. Mit ihr wird ausgedrückt, daß der Sachverhalt des NS im Gegensatz zum Sachverhalt des HS steht. Die Stellung des NS ist frei. Bei Gleichzeitigkeit sind die Tempusformen in HS und NS gleich, bei Vor- und Nachzeitigkeit des NS-Sachverhalts sind die Tempusformen verschieden.

Er ist ein ausgesprochener Frühaufsteher, während seine Frau morgens gern lange schläft.
Während sie sich über das Geschenk freute, war ihr Bruder eher enttäuscht.
Während früher viele mit dem Fahrrad zur Arbeit fuhren, benutzen heutzutage die meisten das eigene Auto.

Anmerkung:

Die temporale und die adversative Bedeutungsvariante von *während* lassen sich nach folgenden Merkmalen unterscheiden:

- Adversative Bedeutung liegt vor,
  wenn die beiden Sachverhalte nicht im Verhältnis der Gleichzeitigkeit stehen

  Während es am Sonntag regnete, war am Montag schönes Wetter.

  wenn zwischen beiden Sachverhalten ein antonymisches

(kontradiktorisches) Verhältnis besteht, das zusätzlich durch die Gegenüberstellung zweier Elemente gestützt ist:

Während die *jüngere Schwester* schon *verheiratet* ist, ist die *ältere Schwester* noch *ledig.*

– Temporale Bedeutung liegt vor,
wenn zwischen beiden Sachverhalten nur eine Gegenüberstellung nicht-antonymischen Charakters besteht, die nicht zusätzlich durch die Gegenüberstellung zweier Elemente gestützt ist:

Der Lehrer sah ständig auf die Uhr, während er die Hausaufgaben diktierte.

wenn die beiden Sachverhalte von HS und NS sich nicht gegenüberstehen, sondern gleichzeitig sind, sich ansonsten aber beziehungslos zueinander verhalten:

Während die Sonne schien, lagen wir am Strand.

– Temporale oder adversative Bedeutung ist möglich,
wenn beide Sachverhalte gleichzeitig sind und zwei Gegenüberstellungen enthalten, von denen jedoch keine antonymischen Charakter hat:

Während die Kinder im Garten spielten, pflückten die Eltern die Erdbeeren.

we-
der …
noch

weder … noch

kopulativ

Die koordinierende mehrteilige Konjunktion *weder … noch* verbindet zwei HS, NS, SG oder SGteile. Sie hat kopulative Bedeutung: Sie gibt an, daß das durch den ersten Teil Benannte und das durch den zweiten Teil Benannte zugleich nicht gelten. Die Konjunktion *weder … noch* ist die Negation der Konjunktion *sowohl … als/wie auch* und kennzeichnet wie diese die Verbindung der beiden Teile als eine Verbindung hervorgehobener selbständiger Sachverhalte, Nicht-/Personen oder Eigenschaften.

Bei der Verbindung zweier HS steht das finite Verb des zweiten Teilsatzes unmittelbar nach *noch.* Wenn in beiden Teilsätzen ein SG gemeinsam ist, wird dieses m zweiten Teilsatz häufig getilgt (sog. zusammenge- zogener Satz, vgl. auch unter *sowohl ... als/wie auch* Anm. 1).

Gestern hat es weder geregnet, noch hat die Sonne geschienen.
Ich habe weder den Film gesehen, noch (habe ich) das Buch gelesen.
Er hat mir vorgeworfen, daß ich ihn weder besucht (habe) noch (daß ich) ihm geschrieben habe.
Sie trinkt am Abend weder Kaffee noch Tee.
Durch die Behandlung hat sich weder sein physischer noch sein psychischer Zustand gebessert.

weil

kausal

Die subordinierende Konjunktion *weil* hat kausale Bedeutung. Sie drückt aus, daß der NS-Sachverhalt der Grund (die Ursache) für den HS-Sachverhalt ist. Der NS steht häufig als Nachsatz, ist aber auch als Vordersatz möglich. Im HS kann durch Korrelate wie *darum, deshalb, deswegen, aus dem Grund* auf den NS hingewiesen werden (besonders bei nachgestelltem NS).

Der Wagen begann (deshalb) zu schleudern, weil die Straße überfroren war.
Weil dichter Nebel herrschte, verzögerte sich der Start des Flugzeugs.
Weil er nichts sehen will, (darum) sieht er nichts.

Zur Konkurrenz zwischen *weil* und *da* vgl. unter *da.*
Zur Einordnung der kausalen Relation in die allgemeine Grund-Folge-Relation vgl. unter *so daß.*

Anmerkungen:

1) Bei der Antwort auf eine Frage nach dem Grund für eine Sachverhalt kann im Dialog der HS, der den zu begrün denden Sachverhalt angibt, weggelassen werden, um ein Wiederholung zu vermeiden:

Frage: „Warum kommst du erst jetzt?“
Antwort: „Weil der Zug Verspätung hatte.“
← „Ich komme erst jetzt, weil der Zu Verspätung hatte.“

Solche Reduktionen sind nur mit *weil*-Sätzen, nicht mi *da*-Sätzen möglich. Einschränkend muß zu dieser Verwen dung der *weil*-Sätze gesagt werden, daß die Antwort au eine *warum*-Frage oft der HS mit impliziter Begründun ist:

Frage: „Warum kommst du erst jetzt?“
Antwort: „Der Zug hatte Verspätung.“

2) Bei Subjekt-Identität mit dem HS wird gelegentlich de NS mit *weil*, wenn er ein Prädikat aus *sein* + adjektivi sches/substantivisches Prädikativum enthält und als Zwi schensatz steht, um das Kopulaverb gekürzt:

Eine Reise mit dem Schiff kam, weil zu teue nicht in Frage.
← Eine Reise mit dem Schiff kam, weil sie z teuer war (gewesen wäre), nicht in Frage.

Der Regisseur ist, weil Fachmann, auf dem Gebie der Filmgeschichte sehr kenntnisreich.

3) NS mit *weil*, die den Grund für eine Eigenschaft angeber können – verkürzt um das finite Verb – zusammen mi dem Adjektiv attribuiert werden:

Er stellte eine überflüssige, weil schon im Vertra beantwortete Frage.
← Er stellte eine Frage, die überflüssig war, we sie schon im Vertrag beantwortet worden war.

Er hat mir eine teuere, weil sehr seltene Goethe Ausgabe geschenkt.

4) Umgangssprachlich wird *weil* mitunter als koordinierend Konjunktion gebraucht. Nach der Konjunktion tritt ein intonatorische Pause ein.

Ich habe ihn nicht erkannt, weil – er hat sich seh verändert.

temporal (gleichzeitig)

Die subordinierende Konjunktion *wenn* hat temporale Bedeutung im Sinne der Gleichzeitigkeit. Sie drückt aus, daß der NS-Sachverhalt zeitlich mit dem HS-Sachverhalt übereinstimmt. Die Stellung des NS ist frei. Im HS kann mit dem Korrelat *dann* auf den NS zurück- oder vorausgewiesen werden. Die Tempusformen von HS und NS sind gleich.
Mit *wenn* wird der NS-Sachverhalt zusätzlich festgelegt

1) als einmalig in Gegenwart oder Zukunft (im Gegensatz zur Konjunktion *als*, mit der der NS-Sachverhalt als einmalig in der *Vergangenheit* festgelegt wird)

   Wenn alle da sind, (dann) gehen wir los. (Aber: Als alle da waren, gingen wir los.)
   Die Unterrichtsstunde ist (dann) zu Ende, wenn ich es sage.
   Der Brief ist bereits überholt, wenn er ihn erhält.

2) als wiederholt

   – in Gegenwart oder Zukunft (nur eindeutig gegenüber 1), wenn im HS als Korrelate *immer, jedesmal* oder ähnliche Zeitangaben erscheinen)

     Er klingelt (jedesmal) (dann) bei mir, wenn er zur Arbeit geht.
     Immer(,) wenn er bei einer Feier dabei ist, wird es sehr lustig.

   – in der Vergangenheit (im Gegensatz zur Konjunktion *als*, mit der der NS-Sachverhalt als *einmalig* in der Vergangenheit festgelegt wird)

     Immer(,) wenn er uns besuchte, (dann) brachte er Blumen mit. (Aber: Als er uns ge-

stern besuchte, brachte er Konfekt statt Blu-
men mit.)
Er erzählte mir jedesmal dieselbe Geschichte,
wenn wir uns trafen.

temporal (vorzeitig)

Die subordinierende Konjunktion *wenn* hat temporal-
Bedeutung im Sinne der Vorzeitigkeit. Sie drückt aus,
daß der NS-Sachverhalt zeitlich vor dem HS-Sachver-
halt liegt. Die Stellung des NS ist frei. Im HS kann mit
dem Korrelat *dann* auf den NS zurück- oder vorausge-
wiesen werden. Die Tempusformen in HS und NS sind
verschieden (bei Gegenwarts- und Zukunftsbezug im
HS Präsens bzw. Futur I, im NS Perfekt, bei Vergan-
genheitsbezug im HS Präteritum und im NS Plus-
quamperfekt).
Mit *wenn* wird der NS-Sachverhalt zusätzlich festgeleg-

1) als einmalig in Gegenwart oder Zukunft (im Gegen-
satz zur Konjunktion *als*, mit der der NS-Sachver-
halt als einmalig in der *Vergangenheit* festgelegt wird

Wenn wir den Gipfel erreicht haben, (dann
machen wir Rast. (Aber: Als wir den Gipfe
erreicht hatten, machten wir Rast.)
Wir beginnen (dann) mit dem Essen, wenn
der Besuch gekommen ist.
Ich lasse es dich sofort wissen, wenn ich von
ihm Nachricht (bekommen) habe.

2) als wiederholt

– in Gegenwart oder Zukunft (nur eindeutig gegen-
über 1), wenn im HS als Korrelat *immer, jedesma*
oder ähnliche Zeitangaben erscheinen)

Wenn ich aufgestanden bin, (dann) mache ic
(immer) zuerst zehn Minuten Gymnastik.
Jedesmal, wenn sie Alkohol getrunken ha
bekommt sie starke Kopfschmerzen.

– in der Vergangenheit (im Gegensatz zur Konjunktion *als*, mit der der NS-Sachverhalt als einmalig in der Vergangenheit festgelegt wird)

Wenn er gefrühstückt hatte, las er (immer) zuerst die Zeitung. (Aber: Als er gefrühstückt hatte, ging er (diesmal) sofort aus dem Haus.)
Wenn es stark geregnet hatte, stand im Keller des Hauses (jedesmal) Wasser.

Anmerkung:

Vorzeitiges und gleichzeitiges *wenn* sind vor allem durch die Zeitenfolge in HS und NS zu unterscheiden. Öfter ist das unterschiedliche Zeitverhältnis auch an entsprechenden Zeitadverbien ablesbar. Man vgl.:

Wenn Sie das Moorbad genommen haben, legen Sie sich *danach* zehn Minuten hin.
Wenn Sie gymnastische Übungen machen, atmen Sie *dabei* tief ein und aus.

konditional

Die subordinierende Konjunktion *wenn* hat konditionale Bedeutung. Sie drückt aus, daß der NS-Sachverhalt die Bedingung für den HS-Sachverhalt ist. „Bedingung" meint dabei im Unterschied zum „wirklichen" Grund des Kausalsatzes den „möglichen" Grund, der die Voraussetzung für den HS-Sachverhalt nennt, ohne daß etwas über die Erfüllung gesagt wird.
Die Stellung des NS ist frei. Wenn der NS Vordersatz ist, kann der HS mit den Korrelaten *so* oder *dann* eingeleitet werden (*dann* steht gelegentlich auch bei einem NS als Nachsatz). Nach dem Modus sind verschiedene Typen von Konditionalsätzen zu unterscheiden:

a) Potentieller Konditionalsatz
Der potentielle Konditionalsatz steht im Indikativ: Präsens/Futur I für Gegenwart bzw. Zukunft und Präteritum/Perfekt für Vergangenheit. Mit dem po-

tentiellen Konditionalsatz wird die Möglichkeit der bezeichneten Sachverhalte (einschließlich negativer Sachverhalte) – nicht das Zutreffen der Sachverhalte selbst wie im Kausalsatz – behauptet.

Wenn man auf den Knopf drückt, öffnet sich die Tür von selbst.
Wenn der Zug nicht pünktlich ankommt, (so/dann) erreichen wir den Anschlußzug nicht.
Ich werde ihn auf jeden Fall besuchen, wenn er wieder gesund ist.

b) Irrealer Konditionalsatz
Der irreale Konditionalsatz steht im Konjunktiv: Präteritum/*würde* + Infinitiv I für Gegenwart/Zukunft und Plusquamperfekt (*würde* + Infinitiv II, selten) für Vergangenheit.
Folgende Varianten sind zu unterscheiden:

– Irrealer Konditionalsatz mit (prinzipiell) *erfüllbaren* Sachverhalten (in Gegenwart/Zukunft, mit Konjunktiv Präteritum/*würde* + Infinitiv I)

Wenn du Lust hättest, könnten wir einen Ausflug machen.
Ich würde mich freuen, wenn du mitkämst.

– Irrealer Konditionalsatz mit *unerfüllbaren* Sachverhalten (in Gegenwart/Zukunft, mit Konjunktiv Präteritum/*würde* + Infinitiv I)

Wenn heute Sonntag wäre, könnten wir einen Ausflug machen.
Ich würde noch viel mehr unternehmen, wenn ich jünger wäre.

– Irrealer Konditionalsatz mit *nicht mehr erfüllbaren* Sachverhalten (in der Vergangenheit, mit Plusquamperfekt)

Wenn ich mehr Zeit gehabt hätte, wäre ich in die Ausstellung gegangen.
Wir wären viel früher dagewesen, wenn es nicht so geregnet hätte (selten: geregnet haben würde).

1) Der potentielle Konditionalsatz und der irreale Konditionalsatz mit erfüllbaren Sachverhalten sind weitgehend synonym:

Wenn du Zeit hast, können wir ins Kino gehen.
Wenn du Zeit hättest, könnten wir ins Kino gehen.

Ein gewisser semantischer Unterschied besteht darin, daß der Sprecher die bezeichneten Sachverhalte mit dem indikativischen Konditionalsatz als Wirklichkeit, mit dem konjunktivischen Konditionalsatz dagegen als bloße Vorstellung hinstellt. Mit der Beschreibung als bloßer Vorstellung ist vielfach die Unsicherheit verbunden, ob die Sachverhalte tatsächlich erfüllbar sind oder ob es sich unter Umständen um unerfüllbare Sachverhalte handelt.

2) HS und NS können sich im Modus und Tempus unterscheiden (sog. Mischgefüge):

Wenn ich hier nur das Kindermädchen spielen soll, hätte ich auch woanders hingehen können.
Eine Rettung des Schwerverletzten schien möglich, wenn er sofort operiert würde.
Wenn wir es wieder tun müßten, dann werden wir es wieder tun.
Wenn ich mich nicht täusche, trug sie beim Empfang ein rotes Kleid.
Wenn es nach mir ginge, hätten wir unser Auto längst verkauft.

3) Um eine spezielle Variante handelt es sich bei dem Konditionalsatz mit Modalverb *sollen* im Konjunktiv Präteritum + Infinitiv I/II im NS. Das Modalverb verleiht dem NS die zusätzliche Bedeutung der Eventualität, womit die Grundbedeutung der Möglichkeit/Erfüllbarkeit verstärkt wird. Der NS ist zumeist Vordersatz. Im HS ist Indikativ oder Konjunktiv möglich, aber gewöhnlich nur Indikativ Präsens bzw. Konjunktiv Präteritum zum Ausdruck von Gegenwart/Zukunft.

Wenn du an einem Kiosk vorbeikommen solltest, bring mir bitte eine Zeitung mit.
Wenn er die Arbeit nicht allein schaffen sollte, müßtest du ihm helfen.
Wenn er schon gegangen sein sollte, (so) hinterlasse ich ihm eine Nachricht.

4) Manche *wenn*-Sätze sind zugleich konditional und temporal interpretierbar:

Wenn er nach Dresden kommt, besucht er uns.
← Falls er nach Dresden kommt, besucht er uns. (konditional)
← Immer wenn er nach Dresden kommt, besucht er uns. (temporal)

Eindeutig konditional sind nur die *wenn*-Sätze mit Konjunktiv, die *wenn*-Sätze mit Indikativ sind dagegen sowohl konditional als auch temporal interpretierbar. Vielfach werden jedoch auch die indikativischen *wenn*-Sätze durch Kontext, Gesamtaussage des Konditionalsatzes und/oder lexikalische Indikatoren eindeutig. So weist das Korrelat *so* auf einen Konditionalsatz hin (*dann* läßt beide Möglichkeiten offen), *immer* und *jedesmal* machen den *wenn*-Satz im Sinne eines Temporalsatzes mit wiederholtem Geschehen eindeutig. Auch bestimmte Temporaladverbien legen die Bedeutung des Satzes entsprechend fest. Man vgl. dazu Beispiele unter *wenn* temporal.

5) In der Regel sind die *wenn*-Sätze freie adverbiale Angaben zum HS. Manche *wenn*-Sätze verhalten sich jedoch wie die *daß*- und *ob*-Sätze (und zum Teil auch die *als(ob)*-Sätze), die notwendige Ergänzungen – Subjekt oder Objekt – zum Verb/Adjektiv/Substantiv im Prädikat des HS sind:

Subjekt:

Es schadet dir nur, wenn du das Angebot ablehnst.
Es würde mich freuen, wenn Sie uns bald wieder besuchen.
Mir ist es lieber, wenn ich mit ihm persönlich sprechen kann.

Objekt:

Ich würde es bedauern, wenn ich auf seine Mitarbeit verzichten müßte.
Ich wäre Ihnen dankbar, wenn Sie sich das Manuskript ansehen würden.
Er empfand Stolz, wenn man seinen Sohn lobte.

Durch die SG-Funktion solcher *wenn*-Sätze ist es bedingt, daß sie nur bei bestimmten Verben/Adjektiven/Substantiven (diese z.T. in notwendiger Verbindung mit Modalverb *können* und/oder Korrelat *es* oder beschränkt auf die Konjunktivformen des potentiellen Konditionalsatzes) stehen können:

– *wenn*-Satz als Subjektsatz z.B. nach: angehen, auffallen, ausreichen, bedrücken, beeinträchtigen, beitragen, empören, freuen, genügen, helfen, kümmern, leidtun, reichen, schaden, stören; abträglich, (un)angenehm, bedauerlich, begreiflich, egal, falsch, gefährlich, genug, gerecht, (un)höflich

- *wenn*-Satz als Objektsatz (= Akkusativobjekt) z.B. nach: aushalten, bedauern, begreifen, begrüßen, bereuen, ertragen, gönnen, hassen, lieben, merken, mögen, schätzen, sehen, verstehen, verübeln, verzeihen
- *wenn*-Satz als Objektsatz (= Präpositionalobjekt) u. a. nach: sich (darüber) aufregen, sich (damit) begnügen, sich (darauf/darüber) freuen, etwas dagegen haben, darüber hinwegsehen, nicht dafür können, sich (darüber) wundern; böse (darüber), dankbar (dafür), froh (darüber), schuld (daran), stolz (darauf)

Trotz ihrer besonderen SG-Funktion behalten die *wenn*-Sätze ihre konditionale Bedeutung. Auch als Subjekt- und Objektsatz drücken sie eine Bedingung aus und unterscheiden sich somit bedeutungsmäßig von entsprechenden *daß*- und *ob*-Sätzen. Man vgl. das folgende Beispiel mit seinen Paraphrasierungen:

Es kümmerte mich nicht, *daß* ich ein Feigling genannt wurde.

→ Es gab etwas, was mich nicht kümmerte, und zwar (die Tatsache), daß ich ein Feigling genannt wurde.

Es kümmerte mich nicht, *ob* ich ein Feigling genannt wurde.

→ Es gab etwas, was mich nicht kümmerte, und zwar, falls ich ein Feigling genannt wurde, dies und, falls ich kein Feigling genannt wurde, dies.

Es kümmerte mich nicht, *wenn* ich ein Feigling genannt wurde.

→ Falls es eine Tatsache war, daß ich ein Feigling genannt wurde, kümmerte mich die Tatsache nicht, daß ich so genannt wurde.

Manche *wenn*-Sätze als Subjekt/Objekt können – wie die *wenn*-Sätze als freie Angaben – auch als Temporalsätze interpretiert werden. Eindeutig konditional sind nur die relativ häufigen *wenn*-Sätze mit Konjunktiv.

6) Zum Verhältnis zwischen verneintem Konditionalsatz mit *wenn* und dem NS mit der zusammengesetzten Konjunktion *außer wenn* vgl. dort.

Die subordinierende Konjunktion *wenn* hat konzessive Bedeutung. Zusammen mit der stellungsvariablen Partikel *auch* drückt die Konjunktion aus, daß der NS-Sachverhalt den erwartbaren, aber für den HS-Sachverhalt nicht wirksam werdenden Grund bildet. Mit dem Konzessivsatz wird im Unterschied zum „wirklichen" Grund des Kausalsatzes und zum „möglichen" Grund des Konditionalsatzes ein „Gegengrund" zum Ausdruck gebracht.
Die Stellung des NS ist frei. Wenn der NS Vordersatz ist, stehen im HS oft die Korrelate *so* (vor dem finiten Verb) und *doch/dennoch/trotzdem* (nach dem finiten Verb und dem Subjekt, zur Verstärkung des inhaltlichen Gegensatzes von HS und NS).

Wenn auch einige nicht gekommen waren, (so) gab es (doch) viel Spaß auf dem Abschiedsabend.
Wenn es jetzt manchmal abends *auch* schon recht kühl ist, so sitzen wir trotzdem am liebsten auf dem Balkon.
Er setzt nie eine Mütze auf, *auch wenn* es sehr kalt ist.

Anmerkung:

Beim konzessiven *wenn* sind zwei Varianten zu unterscheiden:
- Wenn die Partikel *auch* nach der Konjunktion steht, ist der NS bedeutungsmäßig weitgehend synonym mit einem *obwohl*-Satz. In beiden Fällen handelt es sich um einen faktischen „Gegengrund" für eine konkrete Situation. Der Unterschied zwischen dem *obwohl*-Satz und dem *wenn auch*-Satz besteht darin, daß mit letzterem die Irrelevanz des „Gegengrundes" hervorgehoben wird. Der HS-Sachverhalt ist relativ unabhängig, was (bei NS als Vordersatz und fehlenden Korrelaten im HS) formal dadurch deutlich wird, daß das finite Verb des HS nicht – wie üblich nach einem NS – an erster, sondern – wie im einfachen Aussagesatz – an zweiter Stelle steht.

Wenn es (heute) *auch* sehr kalt ist, er zieht keinen Mantel an.
Wenn er *auch* mein Freund ist, so kann ich doch sein Verhalten nicht billigen (..., ich kann sein Verhalten nicht billigen).
Die Skitour hat Spaß gemacht, *wenn* sie *auch* sehr anstrengend war.

– Wenn die Partikel *auch* vor der Konjunktion steht, handelt es sich öfter nicht um einen faktischen „Gegengrund" für eine konkrete Situation, sondern der „Gegengrund" wird als Möglichkeit für einen allgemeinen oder wiederholten Fall erwogen. Der NS ist paraphrasierbar durch zwei disjunktiv verbundene *ob*-Sätze. Statt der Partikel *auch* sind auch *selbst, sogar* oder *und (auch)* möglich. Die Wortstellung im HS ist bei vorangestelltem NS entweder wie nach einem *wenn auch*-Satz oder entspricht der üblichen Wortstellung nach NS. Durch die besondere Bedeutung des *auch wenn*-Satzes ist es bedingt, daß das finite Verb im Konjunktiv gebraucht oder aus dem Modalverb *sollen* (im Konj. Prät.) gebildet werden kann. Mit dem Modalverb wird dem *auch wenn*-Satz die zusätzliche Bedeutung der Eventualität verliehen (vgl. dazu auch unter *wenn konditional*).

Auch wenn es (einmal) sehr kalt ist, er zieht keinen Mantel an (..., so zieht er trotzdem keinen Mantel an).
→ Ob es sehr kalt ist oder ob es nicht sehr kalt ist, ...
Wir erreichen den Bus, *selbst wenn* wir langsam laufen.
Sogar wenn dieser Wein zehn Jahre und mehr gelagert hat, ist er noch trinkbar.
Auch wenn du nur die Hälfte essen würdest, wäre das noch genug.
Ich hätte ihm kein Geld gegeben, *auch wenn* er mich noch so sehr gebeten hätte.
Auch wenn er nicht pünktlich kommen sollte, gehen wir los.

irreal-optativ

Die subordinierende Konjunktion *wenn* leitet einen NS mit irreal-optativer Bedeutung ein, der um den HS reduziert ist. In Verbindung mit der stellungsvariablen Partikel *doch* (oder/und *nur*) und dem Konjunktiv des finiten Verbs drückt *wenn* die spezielle Satzart eines irrealen Wunschsatzes aus. Irreale Wunschsätze haben mit Aufforderungssätzen gemeinsam, daß sie auf die Realisierung eines (noch) nicht existenten Sachverhalts gerichtet sind. Im Unterschied zu Aufforderungssätzen enthalten sie jedoch keine direkte Aufforderung an den Gesprächspartner zur Realisierung des Sachverhalts, sondern bringen einen lediglich rhetorischen Wunsch zum Ausdruck, dem das Wissen des Sprechers um die Nichtrealisierbarkeit des Sachverhalts unter den gegebenen Umständen zugrunde liegt.
Zwei Varianten sind zu unterscheiden:

- Bei Gegenwarts-/Zukunftsbezug steht das Verb im Konj. Prät./*würde* + Inf. I:

  Wenn ich dir doch (nur) helfen könnte!
  Wenn nur der Regen bald vorbei wäre!
  Wenn sie doch nur einmal pünktlich kommen würde!

- Bei Vergangenheitsbezug steht das Verb im Konj. Plusq./(selten: *würde* + Inf. II)

  Wenn du nur nichts gesagt hättest!
  Wenn ich ihm doch nur geglaubt hätte (geglaubt haben würde)!
  Wenn er doch vorsichtiger gefahren wäre!

wenngleich

wenngleich

konzessiv

vgl. *obwohl* Anm.

konzessiv

vgl. *obwohl* Anm.

wie

komparativ (koordinierend)

Die koordinierende Konjunktion *wie* schließt nur SG an. Sie hat komparative Bedeutung. Mit ihr werden zwei Nicht-/Personen auf eine gemeinsame Eigenschaft hin verglichen. Die durch den Vergleich zu charakterisierende Nicht-/Person wird vor *wie,* die zum Vergleich dienende Nicht-Person nach *wie* genannt. Das Adjektiv/Adverb, das die gemeinsame Eigenschaft zum Ausdruck bringt, steht unmittelbar vor *wie.* Vor dem Adjektiv/Adverb steht häufig das Korrelat *so* (verstärkend *genauso, ebenso*).
Die Konjunktion *wie* steht in einem komplementären Verhältnis zur Konjunktion *als.* Während mit der Konstruktion *Adjektiv/Adverb im Komparativ + als* die Ungleichheit der gemeinsamen Eigenschaft der beiden Nicht-/Personen bezeichnet wird, wird mit *so + Adjektiv/Adverb im Positiv + wie* der gleiche Grad der Ausprägung dieser Eigenschaft bei beiden Nicht-/Personen ausgedrückt.
Der Vergleich bezieht sich a) auf die beiden Nicht-/Personen unmittelbar (bei einem Kopulaverb) oder b) auf den Sachverhalt des Satzes mit zwei Nicht-/Personen (bei einem Vollverb oder einer entsprechenden Konstruktion), er kann sich aber auch c) auf den Sachverhalt des Satzes mit zwei inhaltlichen Angaben (Zeitpunkt, Ort, Instrument usw.) beziehen.

a) Die Tochter ist so groß wie ihre Mutter.
Das Hochhaus ist so hoch wie der Rathausturm.

b) Inge tanzt ebenso gut wie ihre Freundin. (d. i. Inges Tanzen ist ebenso gut wie das Tanzen ihrer Freundin.)
Die neue Sekretärin schreibt genauso schnell wie ihre Vorgängerin.

c) Der Fluß ist heute immer noch so schmutzig wie vor zehn Jahren.
Ich schreibe ebenso gern mit einem Füllfederhalter wie mit einem Kugelschreiber.

Anmerkungen:

1) Bei Verneinung ergibt sich aus der Gleichheit zwischen beiden Nicht-/Personen Ungleichheit:

Die Tochter ist nicht so groß wie ihre Mutter.
Inge tanzt nicht so gut wie ihre Freundin.

Ungleichheit wird gewöhnlich nur bei erwarteter Gleichheit durch *Verneinung* + *so* + *Positiv* + *wie* ausgedrückt. Die Grundform zum Ausdruck der Ungleichheit ist *Komparativ* + *als* (mit Austausch der Nicht-/Personen oder mit antonymischem Adjektiv/Adverb):

Die Mutter ist größer als ihre Tochter. (Die Tochter ist kleiner als ihre Mutter.)
Ihre Freundin tanzt besser als Inge. (Inge tanzt schlechter als ihre Freundin.)

Zum System der Gleichheit und Ungleichheit vgl. unter *als komparativ (koordinierend) Anm. 1)*

2) Wenn es beim Vergleich nicht um das gleiche Maß einer gemeinsamen Eigenschaft, sondern um die gleiche Art und Weise a) zweier Nicht-/Personen, b) eines Sachverhalts mit zwei Nicht-/Personen oder c) eines Sachverhalts mit zwei inhaltlichen Angaben geht, steht im HS kein Adjektiv/Adverb. Im Unterschied zur Ungleichheit bei *als*, die in diesem Fall mit *ander-* bezeichnet wird, bleibt die Gleichheit also unbezeichnet:

a) Die Tochter ist im Charakter wie ihre Mutter.
b) Er spricht wie die Leute aus meiner Heimat.
c) Der Arm schmerzt mich noch immer so wie vor der Behandlung.

Ebenso bei Bezeichnung der Ungleichheit durch *Verneinung + wie*:

Der Arm schmerzt mich nicht mehr so wie vor der Behandlung.

3) Bei den bisher beschriebenen Vergleichen mit einem *wie*-SG handelt es sich um Vergleiche, die eine reale Gleichheit ausdrücken. Neben der realen Gleichheit kann durch ein *wie*-SG auch eine hypothetische, d. h. eine nur angenommene oder vorgestellte Gleichheit ausgedrückt werden. Hypothetische *wie*-SG sind im Unterschied zu realen *wie*-SG in hypothetische Komparativsätze mit Konjunktion *als (ob)* transformierbar:

Die Tochter ist so groß wie ihre Mutter. (realer Vergleich)

← Die Tochter ist so groß, wie ihre Mutter ist.

← ˣDie Tochter ist so groß, als ob sie ihre Mutter wäre.

Das Mädchen ist so scheu wie ein Reh. (hypothetischer Vergleich)

← Das Mädchen ist so scheu, wie ein Reh ist.

← Das Mädchen ist so scheu, als ob es ein Reh wäre.

Bei hypothetischen Vergleichen mit *wie*-SG fehlt oft das Korrelat *so*. Wenn zum Vergleich eine Nicht-/Person mit einer typisierten Eigenschaft dient, kann auch das Adjektiv/Adverb fehlen. Ist der Vergleich lexikalisiert (sog. bildhafter Vergleich) ist zum Teil nur die Konstruktion ohne Adjektiv/Adverb üblich (auch wenn nicht der in Anm. 2 genannte Vergleich vorliegt)

Ihre Hand war (so) (kalt) wie Eis.

Th. Mann hat über Musik (so fachkundig) wie ein Fachmann geschrieben.

Der Junge schlief (so fest) wie ein Murmeltier.

Nach den Ermahnungen stand der Schüler wie ein begossener Pudel da.

4) Das *wie*-SG steht als solches gewöhnlich in einer direkten Beziehung zu dem SG, mit dem es kongruiert. Man spricht entweder von einer Attributs- oder Appositionsbeziehung. Beim hypothetisch-komparativen *wie*-SG ist darüber hinaus – wie beim spezifizierendem *als* (vgl. dort Anm. 2)) – manchmal auch eine Beziehung über das Vollverb im Satzprädikat gegeben (Rektionsbeziehung). Das *wie*-SG ist in diesem Fall eine notwendige Ergänzung zu bestimmten Verben wie *sich anhören, aussehen, sich benehmen, sich fühlen, klingen, sich verhalten, wirken.*

Er sieht wie ein Südländer aus.
Deine Erklärungen klingen wie Ausflüchte.
Das Trockenmilchpräparat wirkt wie Muttermilch.

5) Das hypothetisch-komparative *wie*-SG (ohne Adjektiv/Adverb) muß in seiner Semantik unterschieden werden vom spezifizierenden *als*-SG:

Er spricht über das Problem wie ein Fachmann. (nur vorgestellter Vergleich: Er ist in Wirklichkeit kein Fachmann.)
Er spricht über das Problem als Fachmann. („in der Funktion": Er ist tatsächlich ein Fachmann.)

komparativ (subordinierend)

Die subordinierende Konjunktion *wie* hat komparative Bedeutung. Der NS enthält als Subjekt eine Nicht-/Person, die mit der entsprechenden Nicht-/Person im HS auf eine gemeinsame Eigenschaft hin verglichen wird. Der NS ist immer nachgestellt. Das Adjektiv/Adverb, das die gemeinsame Eigenschaft zum Ausdruck bringt, steht unmittelbar vor dem NS. Vor dem Adjektiv/Adverb steht häufig das Korrelat *so* (verstärkend *genauso, ebenso*).

Die Konjunktion *wie* steht in einem komplementären Verhältnis zur Konjunktion *als*: Mit der Konstruktion *Adjektiv/Adverb im Komparativ* + *als* wird das höhere Maß der gemeinsamen Eigenschaft bei der Nicht-/Person im HS, mit der Konstruktion *so* + *Adjektiv/Adverb im Positiv* + *wie* das gleiche Maß der gemeinsamen Eigenschaft bei beiden Nicht-/Personen bezeichnet:

Sein Sohn ist älter, als die meisten Jungen in der Gruppe sind.
Sein Sohn ist so alt, wie die meisten Jungen in der Gruppe sind.

Der Vergleich kann sich aber auch auf einen Sachverhalt mit zwei Nicht-/Personen beziehen:

Die neue Sekretärin schreibt genau so gut, wie ihre Vorgängerin geschrieben hat.

Um Varianten handelt es sich, wenn sich der Vergleich auf

a) zwei Sachverhalte mit zwei Nicht-/Personen
b) zwei Sachverhalte mit einer Nicht-/Person
c) einen Sachverhalt mit zwei inhaltlichen Angaben (Zeitpunkt, Richtung, Instrument usw.) bezieht:

a) Der Dolmetscher übersetzt so schnell, wie der Redner spricht.
Er hat die Fragen genau so ausführlich beantwortet, wie sie im Buch behandelt sind.
b) Er spricht genau so kompliziert, wie er schreibt.
Wir bleiben so lange, wie wir wollen.
c) Der Fahrpreis ist jetzt immer noch so niedrig, wie er vor zehn Jahren war.

Hinsichtlich der Verneinung und des Vergleichs ohne Adjektiv/Adverb verhält sich das subordinierende *wie* wie das koordinierende *wie.* Vgl. dort unter Anm. 1) und 2).

Anmerkung:

Mit *wie*-Sätzen wird im Unterschied zu *wie*-SG, die auch hypothetische Gleichheit bezeichnen können, nur reale Gleichheit ausgedrückt. Sätze, die hypothetische Gleichheit bezeichnen, werden mit den Konjunktionen *als (ob)* und *als/wie wenn* eingeleitet. Eine Ausnahme stellen bestimmte reduzierte *wie*-Sätze dar, die nur aus einem Partizip II (zum Teil mit einer obligatorischen Präpositionalgruppe) oder einer Präpositionalgruppe bestehen und denen ebenfalls ein Vergleich mit hypothetischer Gleichheit zugrunde liegt. Bei diesen reduzierten Sätzen handelt es sich jedoch um Phraseologismen (sog. bildhafte Vergleiche), bei denen die ursprüngliche Vergleichsbedeutung verlorengegangen ist und die eine übertragene Bedeutung haben. Die Zurückführung auf einen vollständigen NS ist deshalb nur bedingt möglich:

Die Antworten des Prüflings kamen wie aus der Pistole geschossen. (= Die Antworten kamen sehr schnell.)
← Die Antworten des Prüflings kamen so schnell,

wie wenn / als ob sie aus der Pistole geschossen worden wären.

Weitere Phraseologismen dieses Typs sind:
(Partizip II:) wie aus dem Gesicht geschnitten (= sehr ähnlich) sein, wie vor den Kopf geschlagen (= sehr verblüfft) sein, wie gerädert (= erschöpft) sein, wie geschmiert (= ganz glatt) gehen / verlaufen
(Präpositionalgruppe:) wie am Schnürchen (= ganz glatt, reibungslos) vor sich gehen, wie am Spieß (= sehr laut) schreien, wie auf glühenden Kohlen (= sehr ungeduldig) dasitzen

referierend

Die subordinierende Konjunktion *wie* hat referierende Bedeutung. In Verbindung mit dem Verb im Prädikat des NS drückt die Konjunktion aus, daß es sich bei dem HS-Sachverhalt um einen referierten, d. h. indirekt (mittelbar) wiedergegebenen Rede- oder Reflexionsinhalt handelt.

Referierende *wie*-Sätze haben die gleiche Grundfunktion wie die Redeeinleitungen der indirekten Rede, unterscheiden sich aber von diesen dadurch, daß der Rede-/Reflexionsinhalt stärker in den Mittelpunkt rückt. Die formale Gemeinsamkeit der *wie*-Sätze und der Redeeinleitungen der indirekten Rede besteht darin, daß bei beiden eine Personenverschiebung in der Rede/Reflexion gegenüber der direkten Rede notwendig wird. Die Unterschiede bestehen in der Umkehrung der Satzabhängigkeit (bei den *wie*-Sätzen ist die Rede/Reflexion nicht unter-, sondern übergeordnet) und in der Modusforderung (bei *wie*-Sätzen ist die Rede/Reflexion nur im Indikativ möglich). Die Stellung des NS ist frei (häufig sind Zwischensätze).

Er hat mir vorhin gesagt: „Ich habe dich gestern mehrmals vergebens angerufen."
→ Er hat mir vorhin gesagt, er habe mich gestern mehrmals vergebens angerufen / daß er mich gestern mehrmals vergebens angerufen habe / hat.

→ Wie er mir vorhin gesagt hat, hat er mich gestern mehrmals vergebens angerufen.
Wie ich gehört habe, wollen die beiden zu Weihnachten heiraten.
Du kommst, wie ich hoffe, nicht wieder so unpünktlich wie das letzte Mal.
Wie die Zeitungen berichten, steht der Abschluß der Verhandlungen unmittelbar bevor.

Anmerkung:

Von den Verben im Prädikat her ist die Verwendung von *wie*-Sätzen für indirekte Rede- und Reflexionswiedergabe stark eingeschränkt. Nicht möglich sind *wie*-Sätze mit Verben, mit denen Fragen referiert werden. Von den Verben, mit denen Aussagen oder Aufforderungen referiert werden, können diejenigen nicht in *wie*-Sätzen verwendet werden, bei denen ein Korrelat notwendig ist. Man vgl.:

Er hat mich gefragt, ob ich mitkäme.
→ ˣWie er mich gefragt hat, käme ich mit.
Er hat davon gesprochen, er wolle mich besuchen.
→ ˣWie er davon gesprochen hat, will er mich besuchen.
Es wird darauf hingewiesen, daß Ansteckungsgefahr besteht.
→ ˣWie darauf hingewiesen wird, besteht Ansteckungsgefahr.

spezifizierend

Die koordinierende Konjunktion *wie* schließt nur SG an. Sie hat spezifizierende Bedeutung. Mit ihr wird angegeben, daß die mit dem angeschlossenen SG benannte Nicht-/Person (bzw. Reihe von Nicht-/Personen) die unmittelbar vorher genannte(n) Nicht-/Person(en) durch Exemplifizierung spezifiziert. Die Exemplifizierung kann durch Zusätze wie *zum Beispiel* oder *etwa* verdeutlicht werden.

Ein Universalgelehrter wie Leibniz ist heute nicht mehr vorstellbar.

Bedeutende Dichter wie (zum Beispiel) Goethe und Gottfried Keller haben sich auch mit Malerei befaßt.
Bei einer materialintensiven Produktion wie dem Schiffsbau spielt die Materialeinsparung eine ganz besondere Rolle.
Nahrungsmittel tierischer Herkunft wie (etwa) Käse und Wurst bestehen vor allem aus Eiweiß.

kopulativ

Die koordinierende Konjunktion *wie* verbindet nur SG und SGteile miteinander. Sie hat kopulative Bedeutung. Mit ihr wird angegeben, daß die durch die beiden SG/SGteile benannten Nicht-/Personen oder Eigenschaften in bezug auf den jeweiligen Kontext gleichermaßen gelten. Die in ihrer Grundbedeutung mit der Konjunktion *und* synonyme Konjunktion *wie* wird vor allem dann verwendet, wenn die beiden verbundenen Einheiten trotz ihrer gleichen Geltung in gewissem Maße separat gesehen werden sollen (ähnlich wie bei *sowohl ... als/wie auch*). Die Gleichstellung der beiden Einheiten kann durch *ebenso* oder *genauso* hervorgehoben werden.

Der Physiker Max Planck wurde als Wissenschaftler wie als Mensch sehr geachtet.
Die Wiederherstellung der historischen Räume erfordert handwerkliches Können (genau) wie bautechnische Erfahrungen und künstlerische Begabung.
Die (ebenso) kluge wie hübsche Archäologiestudentin führte uns durch das Ausgrabungsfeld.
Eine baldige Aufklärung des Falles ist in deinem eigenen wie im Interesse der Arbeitsgruppe.

Anmerkung:

Mit angeschlossenem *auch* kann *wie* als Reduktion der zweiteiligen Konjunktion *sowohl ... wie(/als) auch* angesehen werden:

> Mein Freund wie auch ich haben in Dresden studiert.
> ← Sowohl mein Freund wie(/als) auch ich haben in Dresden studiert.

Ohne *auch* ist die Verbindung mit *wie* homonym, denn es kann sich auch um einen reduzierten Komparativsatz handeln:

> Er beherrscht Englisch wie Französisch. (kopulativ/komparativ)
> ← Er beherrscht sowohl Englisch wie(/als) auch Französisch. (kopulativ)
> ← Er beherrscht Englisch so gut wie Französisch. (komparativ)

temporal (gleichzeitig)

Die subordinierende Konjunktion *wie* hat temporale Bedeutung im Sinne der Gleichzeitigkeit. Sie konkurriert mit der subordinierenden Konjunktion *als*, wenn die Zeitstufe der Vergangenheit mit der Präsensform des Verbs wiedergegeben wird (historisches oder episches Präsens):

> Wie ich zurückkomme, höre ich zwei Schüsse. (G. Hartlaub)

Gelegentlich steht *wie* auch dann für *als*, wenn die Vergangenheit mit Präteritum oder Perfekt wiedergegeben wird:

> Ein immer wachsender Verdruß stieg in ihm hoch, wie er den andern so behaglich und überlegen dasitzen sah. (L. Feuchtwanger)

Die subordinierende Konjunktion *wie* hat konzessive Bedeutung. Sie drückt in Verbindung mit der stellungsvariablen Partikel *auch* aus, daß der NS-Sachverhalt den erwartbaren, aber für den HS-Sachverhalt nicht wirksam werdenden Grund („Gegengrund") darstellt.

Als konzessive Konjunktion steht *wie* in einem bestimmten Verhältnis zu anderen konzessiven Konjunktionen (*obwohl/obgleich, wenn ... auch, so ... (auch)*). Im Gegensatz zu *obwohl/obgleich* und zu *wenn ... auch* kennzeichnet *wie ... auch* als „Gegengrund" nicht einen Sachverhalt als solchen, sondern eine Eigenschaft mit einem besonders hohen Grad. Diese Eigenschaft wird zumeist durch ein unmittelbar auf die Konjunktion folgendes Adjektiv/Adverb konkretisiert, das aber im aktuellen Satz auch fehlen kann (bzw. durch das allgemeine *sehr* ersetzt wird), wenn sich die Eigenschaft aus der Verbbedeutung ergibt (dies im Gegensatz zu *so ... (auch)*, das nur mit Adjektiv/Adverb möglich ist).

Die Stellung des NS ist frei. Wenn der NS Vordersatz ist, steht das finite Verb des HS nicht – wie üblich nach einem NS – an erster, sondern an zweiter Stelle.

> Wie schön es bei euch auch ist, ich kann nicht länger bleiben.
> Wie schnell er auch fuhr, die Spitzengruppe war nicht mehr einzuholen.
> Wie (stark/sehr) es auch regnet, wir müssen weitergehen.
> Wie (laut) die Kinder auch schrien, der Vater war nicht aus der Ruhe zu bringen.

wie wenn

komparativ

vgl. *als (ob)* Anm. 4)ff.

wiewohl

konzessiv

vgl. *obwohl* Anm.

wohingegen

adversativ

Die subordinierende Konjunktion *wohingegen* hat adversative Bedeutung. Mit ihr wird der NS im Sinne eines Gegensatzes antonymischer (kontradiktorischer) Art zum HS gekennzeichnet. Sie kommt relativ selten vor und ist auf die schriftliche Standardsprache beschränkt. Der NS ist nur nachgestellt möglich. Bei Gleichzeitigkeit sind die Tempusformen in HS und NS gleich, bei Vor- und Nachzeitigkeit können sie verschieden sein.

> Sie hat studiert, wohingegen ihre beiden Brüder ein Handwerk erlernt haben.
> Früher waren Bücher sehr teuer, wohingegen sie heute ein Massenprodukt sind.

zu

SUBJEKT/PRÄDIKATSTEIL/ OBJEKT/ATTRIBUT

Die Infinitivkonjunktion *zu* hat keine adverbiale Bedeutung, sondern eine grammatische (syntaktische) Funktion. Sie zeigt an, daß der *zu*-Inf. als reduzierter NS a) Subjekt des HS, b) grammatischer Prädikatsteil des finiten Verbs, c) Objekt des HS oder d) Attribut eines Substantivs im HS ist. Der *zu*-Inf. vertritt a) bis d) nur, wenn damit ein Sachverhalt – und nicht eine Nicht-/Person – bezeichnet wird.

a) Die Prädikatsausdrücke (Vollverb oder Kopula-/Funktionsverb + Adjektiv/Substantiv), die einen *zu*-Inf. als Subjekt haben können, sind von ihrer lexikalischen Bedeutung her begrenzt. Es gehören dazu vor allem Vollverben/Adjektive/Substantive, die eine Gefühlsäußerung oder eine Wertung ausdrücken. In syntaktischer Hinsicht sind *zu*-Inf. als Subjekt dadurch beschränkt, daß das (eliminierte) Subjekt des Inf. identisch sein muß mit dem logischen Subjekt des übergeordneten Prädikatsausdrucks, das als Objekt oder Attribut erscheint (wenn ein solches Objekt/Attribut im aktualen Satz fehlt, ist das Subjekt unbestimmt-persönlich). Die Stellung des *zu*-Inf. ist frei. Als Korrelate im HS treten *es* (bei nachgestelltem Inf.) und *das* (bei vorangestelltem Inf.) auf. Das Korrelat *es* ist an der Satzspitze obligatorisch, in Binnenstellung verbabhängig obligatorisch oder – seltener – fakultativ. Das Korrelat *das* ist immer fakultativ.

Es freut mich, dir helfen zu können.
Es ist die Pflicht des Sohnes, für die Eltern zu sorgen.
Nach dem Essen zu rauchen, (das) ist ihm (/für ihn) zur Gewohnheit geworden.

Ihn zu beschuldigen, (das) ist ungerecht (von dir).
Leider ist es mir nicht gelungen, ihn zu überzeugen.
Mich hat (es) sehr überrascht, ihn auch dort zu treffen.

Anmerkungen:

1) Die Verbindungen einiger Adjektive (*leicht, einfach, schwierig*) mit *sein* und *zu*-Inf. sind zuweilen doppeldeutig und lassen sich
als die Verbindung des Kopulaverbs *sein* + Adjektiv mit *zu*-Inf. als Subjekt oder
als die Verbindung des Hilfsverbs *sein* + *zu*-Inf. (vgl. b)) und dem Adjektiv als Adjektivadverb (beim Inf.) interpretieren:

Das Hauptmerkmal der Kategorie ‚Tempus' ist relativ einfach zu bestimmen.
← Es ist relativ einfach, das Hauptmerkmal der Kategorie ‚Tempus' zu bestimmen.
← Man kann das Hauptmerkmal der Kategorie ‚Tempus' relativ einfach bestimmen.

2) Bei einer Reihe von Vollverben und Kopulaverben + Adjektiv im Konjunktiv, mit denen eine Bewertung ausgedrückt wird, kann ein *zu*-Inf. als Subjekt stehen, der irrealkonditionale Bedeutung hat. *zu*-Inf. dieser Art konkurrieren mit konjunktivischen *wenn*-Sätzen.

Es würde mir sehr gefallen, im Grünen zu wohnen. (..., wenn ich im Grünen wohnte.)
Es wäre ratsam gewesen, sofort einen Arzt zu rufen (..., wenn man sofort einen Arzt gerufen hätte.)

b) Bei den finiten Verben, zu denen der *zu*-Inf. im Verhältnis eines grammatischen Prädikatsteils steht, handelt es sich um Hilfsverben, die keine ausgeprägte lexikalische Bedeutung haben und keine eigene Prädikation (Situation) bilden, sondern die Prädikation des *zu*-Inf. lediglich – modal, aktional und/oder genusmäßig – modifizieren. Zu diesen Hilfsverben mit *zu*-Inf. gehören *haben* und *sein* (zum

Ausdruck von Möglichkeit und Notwendigkeit, *sein* zusätzlich zur Passivumschreibung), die modalverbähnlichen Verben *brauchen, scheinen, bekommen, wissen* u. a., die Phasenverben *beginnen, fortfahren, pflegen, aufhören* u. a. und die passivparaphrasierenden Verben *bleiben* und *gehen.*

Schwimmer *haben* sich innerhalb der durch Bojen markierten Abgrenzungen zu halten. (Notwendigkeit)
Als hochqualifizierter Facharbeiter *hat* er mehr Lohn zu beanspruchen. (Möglichkeit/Berechtigung)
Die Arbeit *ist* in der kurzen Zeit von ihm kaum zu schaffen. (Möglichkeit, Passiv)
Die Arbeit *ist* unbedingt in einer Woche zu erledigen. (Notwendigkeit, Passiv)
Er *braucht* heute nicht zu kommen. (Notwendigkeit)
Er *schien* keine Lust zum Spaziergang zu haben. (Eindruck)
Niemand *bekam* den Schwerverletzten zu sehen. (Möglichkeit)
Das Kind *begann* plötzlich zu weinen. (Anfang)
Er *pflegt* mittags eine Stunde zu schlafen. (Wiederholung)
Die Entscheidung *bleibt* abzuwarten. (Passiv, Notwendigkeit)
Das Radio *geht* nicht mehr zu reparieren. (Passiv, Möglichkeit)

c) Die Prädikatsausdrücke, die einen *zu*-Inf. als Objekt haben können, bilden mehrere Bedeutungsgruppen. Neben solchen, die ein Wollen oder Können ausdrücken, gehören dazu auch die der Gefühlsäußerung, des Denkens, des Wertens und der Aufforderung. In syntaktischer Hinsicht lassen sich diese Prädikatsausdrücke nach Vollverben und Kopula-/Funktionsverben + Adjektiv/Substantiv einteilen.
Die *Vollverben* kann man weiter danach gruppieren,

ob das Verb ohne oder mit nominalem Objekt gebraucht wird. Bei den Vollverben *ohne* nominales Objekt besteht zumeist Subjekt-Identität (d.h. Identität zwischen dem Subjekt des Vollverbs und des Inf.), der *zu*-Inf. steht entweder für ein Akkusativ- oder ein Präpositionalobjekt. Bei den Vollverben *mit* nominalem Objekt ist zu unterscheiden zwischen Verben mit nominalem Akkusativobjekt und nominalem Dativobjekt. Bei ersteren ist das Subjekt des *zu*-Inf. mit dem Akkusativobjekt identisch, der *zu*-Inf. steht für ein Präpositionalobjekt. Bei letzteren ist das Subjekt des *zu*-Inf. häufig mit dem Dativobjekt identisch (bei einigen Verben besteht Subjekt-Identität), der *zu*-Inf. steht für ein Akkusativobjekt.

Die *Kopula-/Funktionsverben + Adjektiv* werden in der Regel ohne nominales Objekt gebraucht. Es besteht Subjekt-Identität, der *zu*-Inf. steht zumeist für ein Präpositionalobjekt (bei einigen Adjektiven für ein Genitiv- bzw. ein Akkusativobjekt). Die *Kopulaverben + Substantiv* (im Genitiv oder mit Präposition) werden gleichfalls ohne nominales Objekt gebraucht, es besteht Subjekt-Identität.

Die Form des Korrelats hängt vom Objektcharakter des *zu*-Inf. ab. Beim *zu*-Inf. als Akkusativobjekt treten als Korrelate die Pronomina *es* und *das* auf, beim *zu*-Inf. als Präpositionalobjekt treten als Korrelate Pronominaladverbien (*da(r)* + verbabhängige Präposition) auf. Wenn der *zu*-Inf. nachgestellt ist, steht *es* bzw. *da(r)* + *präp.* in Binnenstellung verbabhängig obligatorisch oder fakultativ, wenn der *zu*-Inf. vorangestellt ist, steht satzeinleitend fakultativ *das* und obligatorisch *da(r)* + *präp.* Der *zu*-Inf. als Objekt ist oft nachgestellt.

Vollverben ohne nominales Objekt

> Er hat es übernommen, alle zu informieren. (Alle zu informieren, (das) hat er übernommen.)
> Er bemüht sich (darum), die Arbeit schnell

abzuschließen. (Die Arbeit schnell abzuschließen, darum bemüht er sich.)

Vollverben mit nominalem Objekt

Sie hält ihren Sohn dazu an, höflich zu sein.
Man hat (es) ihm freigestellt, in der ersten oder in der zweiten Schicht zu arbeiten.
Sie hat (es) ihm versprochen, sofort nach der Ankunft anzurufen.

Kopulaverben + Adjektiv/Substantiv

Er ist darauf angewiesen, nebenbei Geld zu verdienen.
Ich bin mir (dessen) sicher, den Namen schon gehört zu haben.
Er ist der Meinung, alles Notwendige getan zu haben.
Die Mannschaft war in Gefahr, das Spiel zu verlieren.

d) Der *zu*-Inf. als Attribut kommt in der Regel nur bei solchen Substantiven vor, die Nominalisierungen von Verben (Vollverben oder Kopulaverben + Adjektiv) sind. Bei der Reverbalisierung zeigt sich, daß dem Attribut ein Objekt zugrunde liegt.

seine Absicht, den Motor zu reparieren
←er beabsichtigt, den Motor zu reparieren
seine Fähigkeit, den Motor zu reparieren
←er ist (dazu) fähig, den Motor zu reparieren

Über die Nominalisierungen im eigentlichen Sinne hinaus sind auch solche Substantive mit einem *zu*-Inf. attribuierbar, die nur eine indirekte Entsprechung in einem Verb haben:

die Idee des Schriftstellers, einen Roman zu schreiben
←der Plan des Schriftstellers, einen Roman zu schreiben
←der Schriftsteller plant, einen Roman zu schreiben

Umgekehrt sind manche reverbalisierbare Substantive nicht der Attribuierung mit einem *zu*-Inf., sondern mit einem *daß*-Satz fähig:

seine Antwort, daß er bald kommen würde

zumal (da)

kausal

Die subordinierende Konjunktion *zumal (da)* kommt als einfache Konjunktion *zumal* oder (seltener) als zusammengesetzte Konjunktion *zumal da* vor. Sie hat kausale Bedeutung. Mit ihr wird zusätzlich zu einem im Kontext – gewöhnlich implizit – enthaltenen Grund für den Sachverhalt im HS ein zweiter Grund angefügt, der als ausschlaggebend angesehen wird. *zumal (da)* ist stilistisch leicht gehoben. Der NS ist immer Nachsatz.

> Er gewann immer mehr Vorsprung, zumal (da) die Kräfte seines Verfolgers offensichtlich nachließen.
> Er stellte sich nahe der bewunderten Frau auf, zumal er niemanden anderen kannte ... (R. Musil)
> Die kleine Person hatte von Anfang an Eindruck auf ihn gemacht, zumal da er ... ihre gesellschaftliche Stellung überschätzte. (R. Musil)

Die Konjunktion *zumal (da)* steht zu den mit *besonders, vor allem* u. ä. erweiterten Konjunktionen *da* und *weil* und zu den zusammengesetzten Konjunktionen *um so mehr als* und *um so weniger als* in einem synonymischen Verhältnis.

Abkürzungsverzeichnis

Anm.	Anmerkung
Fut.	Futur
HS	Hauptsatz
Indik.	Indikativ
Inf.	Infinitiv
Konj.	Konjunktiv
NS	Nebensatz
Plusq.	Plusquamperfekt
präp	Präposition
Prät.	Präteritum
SG	Satzglied
SGteil	Satzgliedteil (Attribut)
vgl.	vergleiche
VS	versus (gegen, kontra)

$\rightarrow$	Umformung der voranstehenden sprachlichen Einheit in die nachstehende sprachliche Einheit ist ohne nennenswerten Bedeutungsunterschied möglich
$\rightarrow^{x}$	Umformung ergibt nicht korrekte sprachliche Einheit
$\rightarrow^{(x)}$	Umformung ergibt nur bedingt akzeptable sprachliche Einheit
$\not\rightarrow$	Umformung ergibt sprachliche Einheit mit anderer Bedeutung
$\rightarrow^{?}$	Möglichkeit der Umformung in die nachstehende sprachliche Einheit ist strittig
$\leftarrow$	voranstehende sprachliche Einheit ist ableitbar aus/zurückführbar auf nachstehende(r) sprachlicher Einheit
=	die voranstehende und die nachstehende sprachliche Einheit stimmen bedeutungsmäßig überein

≃	die voranstehende und die nachstehende sprachliche Einheit stimmen bedeutungsmäßig nur annähernd überein
x	nachstehende sprachliche Einheit ist nicht korrekt („ungrammatisch“)
(x)	nachstehende sprachliche Einheit ist nur bedingt akzeptabel

Literaturverzeichnis (Auswahl)

Bobillon, J.-M.: Zur Syntax und Semantik von ‚ohne daß'. In: Deutsch als Fremdsprache 1/1988, S. 17–21.

Boettcher, W./Sitta, H.: Deutsche Grammatik III – Zusammengesetzter Satz und äquivalente Strukturen. Frankfurt/M. 1972.

Brausse, U.: Bedeutung und Funktion einiger Konjunktionen und Konjunktionaladverbien: aber, nur, immerhin, allerdings, dafür, dagegen, jedoch. In: Linguistische Studien A 104 (Akademie der Wissenschaften der DDR – Zentralinstitut für Sprachwissenschaft). Berlin 1983. S. 1–40.

Brausse, U.: Die Bedeutung der Konjunktionen ‚daß' und ‚ob'. Diskussionsbeitrag auf dem XIV, Internationalem Linguistenkongreß Berlin 1987. Manuskript.

Buscha, J.: Satzverknüpfung durch Konjunktionen. In: Der Deutschunterricht 6/1988, S. 53–64.

Buscha, J.: Die Konjunktionen als Beschreibungsproblem. In: Deutsch als Fremdsprache 6/1989

Buscha, J.: Zur Semantik der Konjunktionen. In: Deutsch als Fremdsprache 1990

Drosdowski, G. (Hrsg.): Duden. Das große Wörterbuch der deutschen Sprache in sechs Bänden. Mannheim/Wien/Zürich 1976–1981.

Eggers, H.: Die Partikel ‚wie' als vielseitige Satzeinleitung. In: Sprache der Gegenwart. Schriften des IdS. Band 19. Düsseldorf 1972. S. 159–182.

Fabricius-Hansen, C.: Sogenannte ergänzende ‚wenn'-Sätze. In: Festschrift für Gunnar Bech. Kopenhagener Beiträge zur germanistischen Linguistik. Sonderband 1. Kopenhagen 1980. S. 160–188.

Fabricius-Hansen, C./Saebø, K. J.: Über das Chamäleon ‚wenn' und seine Umwelt. In: Linguistische Berichte 83, S. 1–35.

Fischer, B.-J.: Satzstruktur und Satzbedeutung. Plädoyer für eine semantikfundierende Oberflächengrammatik, am Beispiel der Bedingungssätze des Deutschen. Tübingen 1981.

FRAAS, C.: Überlegungen zur konsekutiven Relation. In: Deutsch als Fremdsprache 2/1987, S. 98–103.

FRITSCHE, J. (Hrsg.): Konnektivausdrücke. Konnektiveinheiten. Hamburg 1981.

HARTUNG, W.: Die zusammengesetzten Sätze im Deutschen. Als: studia grammatica IV. Berlin 1967.

HEIDOLPH, K. E./FLÄMIG, W./MOTSCH, W. (Hrsg.): Grundzüge einer deutschen Grammatik. Berlin 1981.

HELBIG, G.: Probleme der Subklassifizierung der deutschen Nebensätze nach Form und Inhalt. In: Deutsch als Fremdsprache 4/1982. S. 202–212.

HELBIG, G.: Studien zur deutschen Syntax. Band 1. Leipzig 1983. Band 2. Leipzig 1984.

HELBIG, G./BUSCHA, J.: Deutsche Grammatik – Ein Handbuch für den Ausländerunterricht. Leipzig 1984.

KAUFMANN, G.: Zu den durch ‚als', ‚als ob', ‚wie wenn', ‚als wenn' eingeleiteten ‚Komparativsätzen'. In: Zielsprache Deutsch 3/1973, S. 91 ff.

KAUFMANN, G.: Zum Bedingungsgefüge. In: Zielsprache Deutsch 4/1973, S. 141 ff.

KAUFMANN, G.: Zur ‚konzessiven' Bedeutung. In: Zielsprache Deutsch 1/1974, S. 1 ff.

KLAPPENBACH, R./STEINITZ, W. (Hrsg.): Wörterbuch der deutschen Gegenwartssprache. Berlin 1964–1977.

KNEIP, R.: Der Konsekutivsatz – Folge oder Folgerung? In: Lunder Germanistische Forschungen 46. Lund 1978.

KUNZE, J./JUNG, U./KÜSTNER, H.: Probleme der Selektion und Semantik. Als: studia grammatica XXVIII. Berlin 1987.

LANG, E.: Semantik der koordinativen Verknüpfung. Als: studia grammatica XIV. Berlin 1977.

LANG, E.: Die Konjunktionen im einsprachigen Wörterbuch. In: AGRICALA, E./SCHILDT, J./VIEHWEGER, D. (Hrsg.), Wortschatzforschung heute – Aktuelle Probleme der Lexikologie und Lexikographie. Leipzig 1982. S. 72–106.

MEČKOVA-ATANASSOVA, Z.: Temporale und konditionale ‚wenn'-Sätze. In: Sprache der Gegenwart. Schriften des IdS 58. Düsseldorf 1983.

MEČKOVA-ATANASSOVA, Z.: Systemhafte semantische Relationen und Transformationsmöglichkeiten der Kausalgefüge im weiteren Sinne. In: Deutsch als Fremdsprache 2/1987. S. 88–93.

PASCH, R.: Untersuchungen zu den Gebrauchsbedingungen der deutschen Kausalkonjunktionen ‚da', ‚denn' und ‚weil'. In: Linguistische Studien A 104 (Akademie der

Wissenschaften der DDR – Zentralinstitut für Sprachwissenschaft). Berlin 1983. S. 41–243.

PASCH, R.: Negationshaltige Konnektive. Eine Studie zu den Bedingungen von ‚ohne daß', ‚statt daß', ‚Negation … sondern' und ‚weder … noch'. In: Linguistische Studien A 143 (Akademie der Wissenschaften der DDR – Zentralinstitut für Sprachwissenschaft). Berlin 1986. S. 63–171.

POLENZ, P. v.: Deutsche Satzsemantik. Grundbegriffe des Zwischen-den-Zeilen-Lesens. Berlin(-West)/New York 1985.

POSNER, R.: Bedeutung und Gebrauch der Satzverknüpfer in den natürlichen Sprachen. In: Grewendorf, G. (Hrsg.), Sprechakttheorie und Semantik. Frankfurt/M. 1979, S. 345–385.

PRIMATAROVA-MILTSCHEWO, A.: ‚Zwar … aber' – ein zweiteiliges Konnektivum? Deutsche Sprache 2/1986, S. 125–139.

REDDER, A.: ‚wenn …, so'. Zur Korrelatfunktion von ‚so'. In: ROSENGREN, I. (Hrsg.), Sprache und Pragmatik. Lunder Symposium 1986. In: Lunder germanistische Forschungen 55. Lund 1987. S. 315–326.

RIECK, S.: Untersuchungen zu Bestand und Varianz der Konjunktionen im Frühneuhochdeutschen. Heidelberg 1977.

SCHRÖDER, J.: Lexikon deutscher Präpositionen. Leipzig 1986.

SCHULZ, D./GRIESBACH, H.: Grammatik der deutschen Sprache. München 1970.

SITTA, H.: Satzverknüpfung als Problem der Textkonstitution in der Schule. In: Sprachnormen in der Diskussion – Beiträge vorgelegt von Sprachfreunden. Berlin(-West)/New York 1986. S. 146–168.

SOMMERFELDT, K.-E.: Zur Verwendungsweise von ‚wie' in der deutschen Sprache der Gegenwart. In: Deutsch als Fremdsprache 6/1984, S. 343–346.

SOMMERFELDT, K.-E./STARKE, G. (Hrsg.): Grammatisch-semantische Felder der deutschen Sprache der Gegenwart Leipzig 1984.

STARKE, G.: Untersuchungen zum Problem der konzessiven Beziehungen und zu ihrem sprachlichen Ausdruck im Deutschen. In: Beiträge zur Erforschung der deutschen Sprache 2. Leipzig 1982. S. 130–144.

STOJANOWA, N.: Zur Problematik der ‚denn'-Sätze. In Deutsch als Fremdsprache 2/1987, S. 93–97.

VATER, H.: ‚wie'-Sätze. In: Akten des 10. Linguistischen Kolloqiums, Bd. 2. Tübingen 1976, S. 209 ff.

WAHRIG, G./KRÄMER, H./ZIMMERMANN, H.: Brockhaus Wahrig – Deutsches Wörterbuch in sechs Bänden. Wiesbaden 1980–1984.

WEINRICH, H.: Textgrammatik der französischen Sprache. Stuttgart 1982.

WEYDT, H. (Hrsg.): Die Partikeln in der deutschen Sprache. Berlin(-West)/New York 1979.

ZJUS'KIN, V. A.: Die Verbindbarkeit von Komponenten der Satzgefüge. In: Deutsch als Fremdsprache 5/1980, S. 281–287.

da – denn

Da es lange nicht geregnet hat, gießen wir die Blumen täglich. Es hat heute nacht bestimmt Frost gegeben, denn die Blumen auf dem Balkon sind erfroren.

damit – um . . . zu

Er läßt die Schüler Beispielsätze bilden, damit sie sich die Regel einprägen.
Er gibt eine Menge Beispiele, um die Regel zu veranschaulichen.

daß – ob

Wir wissen nur, daß er irgendwann kommt.
Sie weiß bestimmt, ob er rechtzeitig kommen wird.

falls – sofern

Sofern der Zug keine Verspätung hat, können wir noch ins Konzert gehen.
Falls wir uns sehr beeilen, können wir vorher auch noch etwas trinken.

nicht nur – sondern auch – sowohl . . . als auch

Er hat nicht nur ein Hochschulstudium abgeschlossen, sondern er hat auch promoviert.
Er hat seitdem sowohl in der Forschung gearbeitet als auch Studenten ausgebildet.